Gabriele Kiesl & Michael Cizek

Mystische Oberpfalz

Rätselhafte Geschichten und geheimnisvolle Bilder

Gabriele Kiesl
& Michael Cizek

Mystische Oberpfalz

Rätselhafte Geschichten und geheimnisvolle Bilder

BUCH- UND KUNSTVERLAG
OBERPFALZ

Bibliografische Information der Deutschen Nationalbibliothek

Die Deutsche Nationalbibliothek verzeichnet diese Publikation in der Deutschen Nationalbibliografie; detaillierte bibliografische Daten sind im Internet über http://dnb.dnb.de abrufbar.

ISBN 978-3-95587-048-5

2. Auflage 2019

www.battenberg-gietl.de

ISBN 978-3-95587-048-5

Text: Gabriele Kiesl
Fotos: Michael Cizek
Lektorat: Ricarda Oertel
Satz und Layout: Natalie Poths
Hintergründe und grafische Elemente: Fotolia: javarman, baobabay; 123RF: klauts

Inhaltsverzeichnis

Vorwort

Was tun, wenn sich zwei Künstler kennenlernen, die ihre Umgebung aus dem gleichen Blickwinkel wahrnehmen? Was tun, wenn sich zwischen diesen beiden Menschen nicht nur ein tiefer Respekt vor dem gegenseitigen Können, sondern auch eine Freundschaft entwickelt? Und was, wenn beide auch noch gleichermaßen in die Oberpfalz verliebt sind? Richtig! Sie vereinen ihre Künste zusammen in einem Buch.

Inspiriert von unzähligen verwunschenen Orten, geschichtsträchtigen Gebäuden, verborgenen Seen, wildromantischen Flüssen und lauschigen Wäldern bot uns die Oberpfalz alles, was wir dazu benötigten. Immer auf der Suche nach dem Außergewöhnlichen, begegneten wir vielen mystischen Orten und erlebten so manches Abenteuer. Nun, viele Monate später, präsentieren wir Ihnen stolz unser Werk „Mystische Oberpfalz". Ein Buch, dass Sie in eine Welt zwischen Wahrheit und Fiktion führen und Sie idealerweise zu einem Ihrer nächsten Ausflüge inspirieren soll. Begeben Sie sich mit uns auf eine Reise quer durch unsere ganz besondere Oberpfalz!

Gabriele Kiesl Michael Cizek

Furth im Wald

Von Lebensuhren und Giebelgeistern

Bei den meisten Menschen jenseits der Sechzig drängt sich das Bedürfnis auf, zurück an den Ort der Kindheit zu reisen. Nur die wenigsten unter uns bleiben ihr Leben lang an ein und demselben Ort. Spätestens im Berufsleben wechseln viele vom Dorf in die Stadt, von der Stadt in eine andere Region, oder sie wandern sogar in ein fremdes Land aus. Ausgewandert bin ich zwar nie, aber es kam mir damals trotzdem so vor. Als ich als junger Mann meine Heimat Furth im Wald verließ, konnte ich es kaum erwarten, eine Karriere als Bauingenieur in Frankfurt anzustreben. Mein Vater, ein gebürtiger Frankfurter, erbte seinerzeit das Elternhaus, und als ich mein letztes Schuljahr beendet hatte, zogen wir in Vaters Geburtsstadt, weit weg von der meinen. Doch so sehr ich mich als Heranwachsender auf Frankfurt gefreut hatte – bald verabscheute ich es. Zu sehr liebte ich den oberen Bayerischen Wald, zu tief war ich dort verwurzelt. Und das ist bis heute so geblieben.

Ich spüre es deutlich, als ich das Ortsschild der Drachenstadt passiere und den Tränen nahe bin.

„So, Zeitler Hans, jetzt bist du endlich wieder zu Hause!“, seufze ich. Schnell suche ich mir eine zentrale Parkmöglichkeit und gehe hinauf zum Further Stadtplatz, vorbei an unzähligen Geschäften, Cafés und Restaurants. Ich steuere das alte Rathausgebäude an. Majestätisch wie eh und je steht es nach kurzer Zeit vor mir. Sicher, es mag sich Einiges verändert haben in all den Jahren, doch Vieles bleibt zum Glück beständig. Rasch wechselt meine Freude in Neugierde. Ob sie noch steht? Langsam drehe ich mich um meine eigene Achse. Vor mir, zu meiner Rechten, ist das Amtsgericht mit seinem einzigartigen, an der Außenmauer angebrachten Glockenspiel und dahinter der imposante Stadtturm, der hoch in den Himmel ragt. Mein Herz beginnt laut zu pochen. Nur noch wenige Meter und ich müsste vor ihr stehen! Wie in Trance gehe ich vorbei am Tourismusbüro, das ein edel glänzendes Nasenschild ziert, und tiefer in die Rosenstraße hinein. Schon bald tut sie sich in ihrer ganzen Schönheit vor mir auf: Die Knabenschule.

Meine ehemalige Schule! Ehrfürchtig stehe ich vor ihr und kann es nicht fassen. Gut, sie ist in die Jahre gekommen, wie wir alle. Aber sie ist immer noch da und das seit über 130 Jahren. Gegenüber der Schule befindet sich auf einer kleinen Anhöhe der Rosengarten. Keuchend steige ich die Treppenstufen hinauf zum Rosengarten und setze mich auf eine Ruhebank mit Blick auf das Schulgebäude, oder – wie mir die neue Aufschrift erklärt – auf die neue Volkshochschule der Stadt. Während ich auf das Gebäude starre, schaut es mit seinen vierzig Frontfenstern zu mir zurück, so als ob es mich fragen will, wie es mir geht. Plötzlich fühle ich mich um Jahrzehnte

Ehemalige Knabenschule und heutige Volkshochschule, Furth im Wald

»… Ich schiele nach oben zu dem ovalen Giebelfenster, hinter dem sich unser geheimer Zufluchtsort befand …«

zurückversetzt – alles ist wieder da. Meine Kindheit spielt sich noch einmal vor meinem geistigen Auge ab. Mir fällt unser Versteck wieder ein. Ich schiele nach oben zu dem ovalen Giebelfenster, hinter dem sich unser geheimer Zufluchtsort befand. Der Ort, an dem wir völlig unbemerkt sein konnten – der Dachstuhl unseres alten Schulgebäudes. Ich erinnere mich, wie wir über die alte knarzende Holztreppe, vorbei an unzähligen Spinnweben, hoch auf den düsteren und mystisch wirkenden Dachboden gelangten. Mir war stets wohler zumute, wenn direkt hinter mir ein Freund von mir ging, um mir – falls sich Gespenster zeigen sollten – den Rücken freizuhalten. Oben angelangt öffnete sich uns Kindern ein riesiger Dachstuhl, dessen hölzerne Konstruktion uns immer wieder aufs Neue begeisterte. Die vielen schweren, dunklen Holzbalken dienten natürlich der Statik des Daches, doch für uns waren die alten Verstrebungen ein faszinierendes Kletterge-

rüst, das wir wie die Äste eines Baumes benutzten. Mir fällt die alte Eisenhalterung ein, die auf einem Querbalken mittig vor dem Giebelfenster angebracht war und eigentlich als Fahnenhalterung diente. Wir funktionierten sie als Aufhängung für unsere Laterne um, die den alten Speicher stets geheimnisvoll ausleuchtete.
Selbst wenn es je ein Mitschüler herausbekommen hätte, wo wir uns versteckt hielten, konnten wir uns absolut sicher sein, dass uns niemand freiwillig dorthin folgen würde. Denn die anderen Jungs aus der Schule fanden den mächtigen Speicher viel zu unheimlich und angsteinflößend.
Meistens waren wir vier, vielleicht fünf Jungs, die sich nach oder auch während des Unterrichts dort trafen, um sich über die letzten Proben des historischen Drachenstichs auszutauschen oder sich über eines unserer letzten Seifenkistenrennen lustig zu machen. Oft ließen wir dabei auch unsere bunten Glasmurmeln über die alten Dielen des Dachstuhls rollen und versetzten durch das dunkle Grollen, das die Bewegung der Kugeln verursachte, die Lehrer und Schüler in den Klassenzimmern unter uns in Angst und Schrecken.
Heini, unser Klassenblödel, erzählte dann unseren Mitschülern eine erfundene Geschichte über den Giebelgeist, der in den verborgenen Ecken der Schule – und davon gab es unzählig viele – auf junge Knabenbeute lauern würde. Auch Theo Winkler, einen Jungen, der seit vielen Jahren als vermisst galt, vergaß er dabei nicht zu erwähnen. Es war klar, dass dem rothaarigen Jungen mit den fröhlichen Sommersprossen ein schreckliches Unglück passiert sein musste, und das war für die meisten Grund genug, den Keller, Speicher oder sonstige finstere Ecken im Schulhaus zu meiden. Und obwohl es sich bei unserer Schule um eine reine Knabenschule handelte, kreischten manche Jungs bei Heinis Erzählungen oft wie ein paar Mädchen auf.
Ebenso wie an jenem Tag. Ich erinnere mich noch sehr gut daran, als wäre es gestern gewesen. Es geschah an einem der trockensten und heißesten Septembertage, die ich bis heute erlebt habe. Wir warteten auf unseren Kumpel Lukas, der uns aus der Metzgerei seines Großvaters ein Stück Schinken bringen wollte, und unsere Mägen knurrten lauter als die eben läutenden Kirchturmglocken der nahegelegenen Stadtpfarrkirche „Mariä Himmelfahrt“. Der Geschichtsunterricht hallte immer noch in uns nach, als der Simmerl

»… Ich erinnere mich, wie wir über die alte knarzende Holztreppe, vorbei an unzähligen Spinnweben, hoch auf den düsteren und mystisch wirkenden Dachboden gelangten …«

Sepp aus dem Giebelfenster hinab auf die Straße sah und stöhnte: „Was meint ihr? Hat es sich wirklich damals so zugetan in Furth? Ich meine, das mit den Hussiten!“
Fredl, der mehr Bauchumfang als Verstand hatte, antwortete gleichgültig: „Vermutlich schon, das hat doch der Lehrer gesagt!“
„Vermuten heißt aber nicht wissen. Ich frage mich, warum eine Lehrkraft so etwas überhaupt darf?“ Simmerl legte seine Stirn in Falten.
Heini kam nicht mit. „Was darf?“
„Mensch Heini, na irgendwas vermuten. Der muss doch wissen, von was er redet. Immerhin ist er Lehrer. Da kann man nicht einfach nur vermuten …!“
„Was du wieder für Probleme hast. Mich hungert – das ist ein viel größeres Problem!“
Bevor die Diskussion um die Zerstörung unserer Heimatstadt Furth im Wald weitergehen konnte, fiel mit lautem Getöse eine der alten Holztüren, die in großen Mengen an beiden Seiten des Dachstuhls lehnten, wie von Geisterhand um. Wir erschraken fast zu Tode. Erstarrt blickten wir auf die kleine Staubwolke, die vom Boden emporstieg und uns den genauen Ort des Geschehens verriet. Fredl deutete mit seinem fleischigen Finger auf den Boden.
„Da … da vorne … seht ihr? Das war der Giebelgeist!“
„So ein Schmarrn, das war nur der Wind, der hier durch das alte Gebälk weht. Nichts weiter!“, versuchte ich meine Freunde zu beruhigen.
„Ach ja? Welcher Wind denn?“ Simmerl öffnete das Giebelfenster und blickte hinaus. „Stehende Hitze ist da draußen. Ich wäre froh, wenn endlich mal ein Lüftchen wehen würde.“
Ängstlich blickten wir uns an.
„Also doch der Giebelgeist?“, stammelte Heini leise. Simmerl deutete auf Lukas, der gerade die Straße zur Schule überquerte, und lachte. „Mir egal, solange er nicht meinen Schinken verputzt, kann er ruhig kommen, dein Geist!“
Heini schüttelte den Kopf und erwiderte mit erhobenem Zeigefinger drohend: „Dir wird dein Lachen schon noch vergehen. Warts ab!“
Simmerl winkte ab. Kurze Zeit später kam Lukas auf den Dachboden und präsentierte uns ein prachtvolles Stück Schinken und ein Laib Bauernbrot. Schnell klappten wir unser Taschenmesser auf und ließen beides reihum gehen. Während wir versuchten, den Schinken in hauchdünne Scheibchen abzuhobeln,

rissen wir mit brachialer Gewalt große Brotfetzen aus dem Laib und stürzten uns wie ein Rudel hungriger Wölfe auf das Gebackene.

Aufgeregt und mit vollem Mund erzählte Heini Lukas im Schnelldurchlauf seine neueste Begegnung mit dem Giebelgeist, und während dieser gebannt auf die am Boden liegende Holzlatte sah, entriss ihm Heini das Stück Brot, und wir brachen in schallendes Gelächter aus. Vor lauter Übermut haute mir der Simmerl Sepp dabei mit seiner Hand so kräftig auf mein Hosenbein, dass meine schon eingerissene Hosentasche vollends aufriss. Klirrend fielen die darin aufbewahrten Glasmurmeln allesamt zu Boden und kullerten quer über die Dielen. Eine der größeren machte sich selbstständig und kam dabei mehrmals hüpfend auf dem Boden auf. Völlig regungslos beobachteten wir, wie sie unaufhaltsam zur Speichertreppe kullerte und schließlich die Treppenstufen hinunterpolterte. Ein letzter dumpfer Ton

verriet uns, dass sie wohl gerade irgendwo aufgeschlagen war. Wir dachten natürlich an die Türe oder eine Wand. Wir konnten ja nicht ahnen, dass die Murmel exakt auf der Stirn unseres Rektors Herrn Zacherl gelandet war. Tobend vor Wut fing er an zu schreien.

„Aua! Zefix, ihr Rotzlöffel! Schauts sofort, dass ihr da runterkommts!"

Dabei diente der Dachstuhl unserer Schule seiner tiefen Stimme als Resonanzkörper. Erschrocken sprangen wir auf, stopften unsere Schinken- und Brotstückreste in unsere Hosentaschen und standen stramm. Zacherl, der eigentlich eine Seele von Mensch war, schäumte vor Wut bei unserem Anblick. Später fragten wir uns, ob sein purpurrotes Gesicht aus Zorn oder aufgrund der Hitze ent-

standen war, doch in diesem Moment war es uns egal. So oder so – er sah zum Fürchten aus.
Jedenfalls hielt uns Zacherl eine Standpauke, die sich gewaschen hatte, und ließ dabei nichts unerwähnt. Mit hängenden Köpfen ließen wir sie über uns ergehen. Er erwähnte nicht nur, dass wir im Unterricht gefehlt und nur Unsinn im Kopf hätten, sondern drohte auch, unsere Eltern darüber zu informieren und dass wir heute nachsitzen müssten.
„Und außerdem seid ihr sicher dafür verantwortlich, dass es in unserem Speicher nur so wimmelt von Ratzen und Taubenviechern!“
Ungläubig hoben wir unsere Köpfe und sahen ihn fragend an. „Ja, was meint ihr denn, wer sich über eure Essensreste hermacht, wenn ihr den Speicher voller Brotkrumen verlasst?“

Unsere Köpfe senkten sich wieder. Fredl bückte sich unterwürfig, schleckte mit der Zunge über seinen Zeigefinger, tupfte einzelne Krümel damit auf und schleckte sich anschließend seine Finger ab.

„Ja, pfui Deife! Jetzt schauts, dass ihr mir aus den Augen gehts … Sonst setzt es was!", schrie Zacherl im Befehlston und seine Gesichtsfarbe ging langsam in einen Blauton über. Wutentbrannt riss er seinen Arm so abrupt hoch, dass seine Armbanduhr zu Boden fiel, und zeigte mit dem Zeigefinger pfeilgerade zur Speichertreppe. Heini, Simmerl, Fredl und Lukas machten sich auf den Weg nach unten.

„Kommst du, Zeitler? Oder brauchst du eine Extraeinladung?", rief Zacherl zu mir hoch, während er den anderen folgte.

Vor lauter Rage hatte er wohl nicht bemerkt, dass er seine Uhr verloren hatte. Schnell hob ich sie vom Boden auf und blickte sie neugierig an. Ihr Ziffernblatt war groß und weiß hinterlegt, die Ziffern waren schwarz und wirkten bedrohlich dominant. Der Sekundenzeiger ließ die Uhr vibrieren. Sekunde für Sekunde intensiver. Es war fast so, als würde Zacherls Herz in ihr schlagen. Um den unheimlichen Schwingungen nicht länger ausgesetzt zu sein, stopfte ich sie in die Brusttasche meines karierten Hemdes, um sie meinem Rektor unten wiederzugeben, und eilte ihnen nach. Als ich die knarzende Holztreppe hinabrannte, hörte ich die aufgebrachten Stimmen meiner Freunde.

„Herr Zacherl, was ist mit Ihnen?" Heinis Stimme überschlug sich.

„Schnell, Lukas, hol Hilfe. Lauf zu unserem Sportlehrer, dem Herrn Raitinger!", befahl Sepp. An der letzten Treppenstufe angekommen sah ich Zacherl bewusstlos am Boden liegen. Der Simmerl Sepp beugte sich über ihn und versuchte ihn wach zu bekommen – doch ohne Erfolg. Wir waren heilfroh, als nach wenigen Augenblicken Herr Raitinger angelaufen kam und erste Hilfe leistete. Die anderen Lehrer kamen kurz darauf auch hinzu, erklärten Raitinger, dass der Rettungswagen bereits unterwegs sei und verwiesen uns in unsere Klassenzimmer. Die Stille, die in unserem mit Schülern voll besetzten Zimmer herrschte, machte mir Angst. Man hätte eine Stecknadel fallen hören können. Der Schock stand allen Kindern wahrlich ins Gesicht geschrieben. Wir alle schätzten Herrn Zacherl sehr und niemand von uns wünschte ihm etwas Schlechtes. Sicherlich, er war streng zu uns, aber ungerecht – das war er nie. Sepp, Fredl und Lukas setzten sich zu Heini und mir an den Tisch. Wir steckten unsere Köpfe zusammen. Der erste, der seine Stimme wiederfand, war Heini. Er flüsterte: „Habt ihr im Speicher sein Gesicht gesehen? Meint ihr, wir sind schuld daran, dass er umgekippt ist?"

Am Gesichtsausdruck meiner Freunde erkannte ich, dass Heini aussprach, was wir alle dachten. Niemand antwortete auf Heinis Frage. Wortlos nahm ich Zacherls Armbanduhr aus meiner Brusttasche.

„Die ist ihm vorhin runtergefallen!", sagte ich und legte sie auf den Tisch.

Andächtig starrten wir auf die Uhr und lauschten ihrem lauten Ticken. Tick tack, tick tack …

Plötzlich öffnete sich die Klassentüre und Herr Raitinger kam herein. Er sah blass und erschöpft aus. Sein Blick wanderte verstört zum Fenster hinaus, bevor er sich an uns wandte. „Jungs, ich bin unendlich traurig, euch mitteilen zu müssen, dass unser hochgeschätzter Rektor Herr Zacherl für immer von uns gegangen ist!"

Fassungslos starrten wir ihn an. Ein Junge aus der ersten Reihe fing an zu schluchzen: „Warum?"

Die Antwort unseres Sportlehrers werde ich mein Leben lang nicht vergessen.

„Wisst ihr, Kinder – jeder Mensch hat eine Lebensuhr, und man weiß nie, wann sie stehen bleibt. Herrn Zacherls Lebensuhr ist heute leider abgelaufen."

Kaum hatte unser Lehrer die Worte ausgesprochen, blickten meine Freunde und ich erschrocken auf Zacherls Armbanduhr. Die

Zeiger standen plötzlich still. Der Gesichtsausdruck meiner Freunde brannte sich für immer in mein Gehirn ein.
Auch wenn das alles nun schon Jahre her ist und Heini der Einzige von uns ist, der immer noch fest daran glaubt, dass den alten Zacherl damals der Giebelgeist der Knabenschule dahingerafft hat – Sepp, Lukas, Fredl und ich tragen bis heute keine Armbanduhren. Unsere Devise seit jenem Schultag ist: Auch wenn man seinem Schicksal nicht davonlaufen kann, muss man es dennoch nicht herausfordern.
Der Klingelton meines Handys reißt mich aus meinen Erinnerungen. Auf dem Display leuchtet Simmerl auf. Freudig nehme ich den Anruf entgegen.
„Zeitler!"
„Und? Bist du schon da?"
„Servus Simmerl, ja – ich sitz auf einer Bank im Rosengarten und du wirst es nicht glauben, aber ich blicke gerade auf unsere ehemalige Schule!"
„Oh pfüati Gott, treffen wir uns lieber vorne im Ratskeller beim Kleber. Lukas, Fredl und Heini kommen später auch dazu."
„Super, so machen wir es. Aber lass nichts dazwischenkommen, hörst?"
„Da muss schon meine Lebensuhr ablaufen, um mich von unserem Wiedersehen abzuhalten!" Lachend legt er auf.
Noch einmal blicke ich gedankenschwanger hinauf zum Giebelfenster und traue meinen Augen nicht. Hinter den Glasscheiben steht eine schemenhafte Gestalt. Ein Junge mit rotem Hut oder etwas Ähnlichem. Mein Blick schweift hektisch über die Fensterfront hinab zum Eingang. Die Schule ist längst geschlossen. Von wo kommt er nur auf einmal her? Verwirrt blicke ich zurück zum Fenster. Der Junge geht dichter an die Scheibe und blickt mir direkt in die Augen. Mein Herzschlag setzt für einen Moment aus – es ist Theo Winkler, der verschwundene Junge. Sein rotes Haar steht wirr von seinem Kopf ab, sein Gesicht ist bleich. Das kann doch nicht wahr sein? Ich reibe mir die Augen, um Klarheit zu bekommen. Als ich sie wieder öffne, ist er weg. Werde ich verrückt? Spielen mir meine Gedanken einen Streich? Die Kirchturmglocken der Mariä Himmelfahrtskirche schlagen sieben Uhr am Abend.
‚Besser, ich mache mich schleunigst auf den Weg!', denke ich, und mein Magen knurrt so laut wie vor vielen Jahren auf dem Dachboden der Knabenschule.

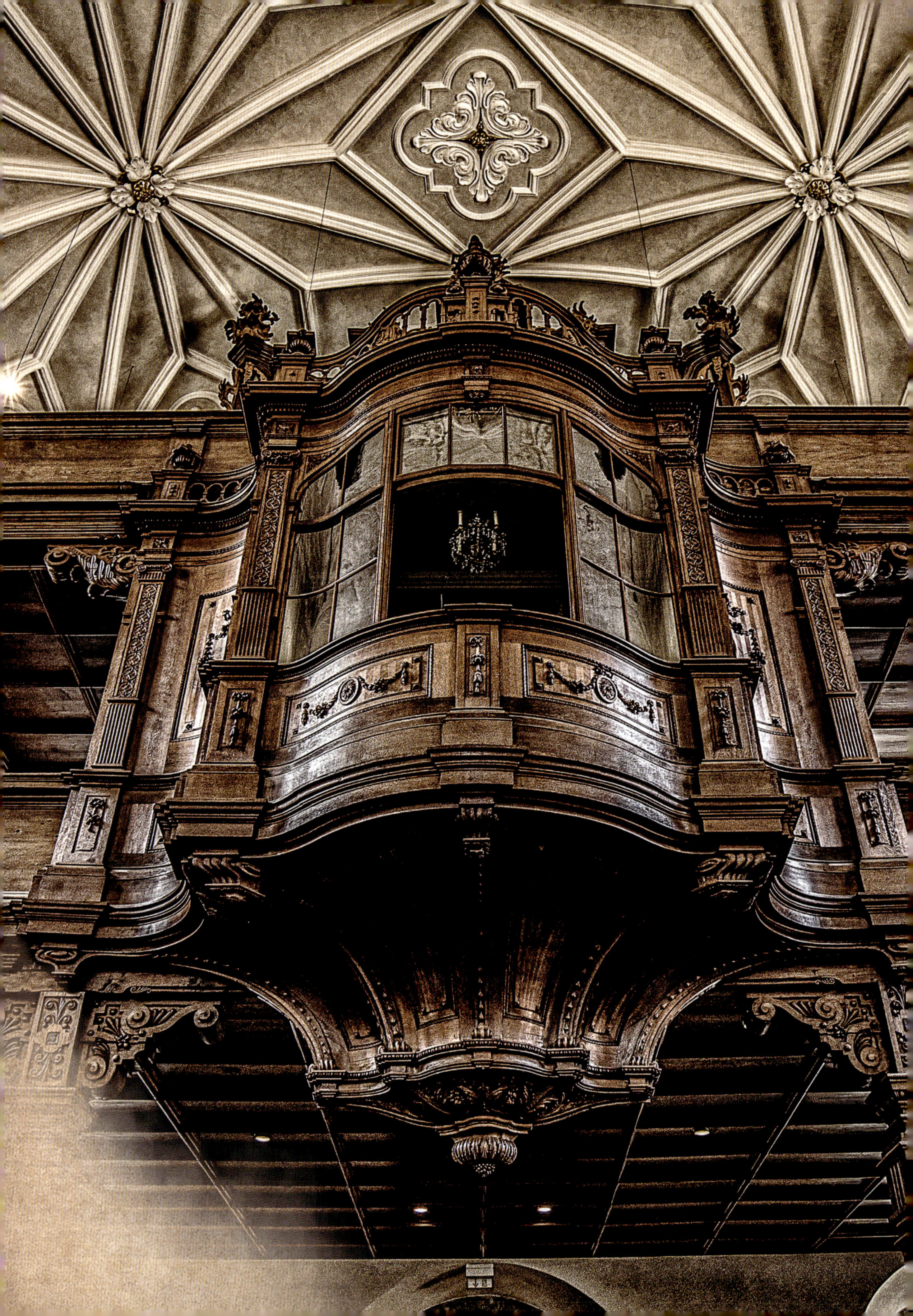

Regensburg

Im Schatten der Dreieinigkeitskirche

Matthias Peiner war Schriftsteller, also das, was man einen brotlosen Künstler nennt. Nicht, dass er kein Talent gehabt hätte – im Gegenteil. Seine Werke sprühten förmlich vor Poesie und Originalität, nur kaufte sie niemand. Wenn man seinem besten Freund Felix Glauben schenken möchte, lagen die deprimierenden Zahlen auf Peiners Tantiemen-Abrechnung hauptsächlich an dem falschen Genre, dem er sich widmete. Felix Meinung nach waren Liebesromane etwas, was grundsätzlich Frauen zu Papier bringen sollten und nicht Männer mittleren Alters, die es bis dato nicht einmal zu einer festen Beziehung geschafft hatten. Immer und immer wieder diskutierten die beiden Matthias Peiners missliche Lage und versuchten eine Lösung zu finden. Mal schlug Felix ihm einen Verlagswechsel vor, mal, sich eine „richtige" Arbeit zu suchen. Nach unzähligen Motivationsversuchen seitens des Freundes wurde es diesem irgendwann zu bunt und er tat seinen Unmut kund.

„So kann es nicht mehr weitergehen! Mir fällt keine andere Lösung ein – du musst aufhören diese Gefühlsduselei zu Papier zu bringen. Schreib doch endlich mal was Maskulines. Wie wäre es mit etwas Spannendem, etwas Unheimlichem?"

Peiner verzog das Gesicht. Ihm grauste bei dem Gedanken. Immerhin hatte er noch nie etwas in dieser Richtung verfasst.

„Ich weiß nicht. Warum etwas schreiben, das mir nicht liegt?"

„Warum? Ganz einfach. Weil's Geld bringt!", konterte Felix barsch.

„Aber Geld ist doch nicht alles."

Jetzt reichte es Felix endgültig. „Na gut, wenn das so ist, dann kannst du ja deine Zeche heute selbst zahlen."

Peiner senkte beschämt den Kopf. Ihm war durchaus bewusst, dass er ohne die finanzielle Hilfe seines Freundes die letzten Monate kaum überlebt hätte. Treuherzig sah er ihn an.

„Entschuldige meinen Egoismus, du hast vollkommen recht. So geht es nicht weiter. Vielleicht ist deine Idee gar nicht so schlecht. Ich sollte es wenigstens versuchen."

Felix nickte. Er schlug ihm vor, eine Gruselgeschichte bei einem Regensburger Magazin einzureichen, das sich hauptsächlich unheimlichen Storys verschrieben habe. Die Bezahlung sei gut und Peiner könne so testen, ob ihm das Genre liegt. Felix wusste, dass sein Freund sich gerne von der richtigen Umgebung inspirieren ließ, daher empfahl er ihm auch gleich den passenden Ort zum Schreiben.

„Selbstverständlich kannst du nicht weiterhin auf der Jahninsel oder im Herzogspark sitzen und den frisch verliebten Paaren nachsehen. Das Wetter soll noch länger sommerlich bleiben, daher könntest du dich zum Beispiel auf einen der Freisitze des Cafés Legato am Ölberg setzen. Von dort aus hat man nicht nur einen direkten Blick auf den Gesandtenfriedhof und

Dreieinigkeitskirche mit Gesandtenfriedhof und Bismarckbrunnen, Regensburg

»… und schielte aus den Augenwinkeln vorsichtig durch die Gitterstäbe des Seiteneingangs zum Gesandtenfriedhof …«

»… noch nie hatte er sich hinaus
auf den Gesandtenfriedhof gewagt.
Zu gruselig wirkten die alten
Grabstätten rund um die Kirche …«

VIATOR

das Nebenportal der Dreieinigkeitskirche, sondern man sitzt dort auch an sonnigen Tagen im Schatten!“

Peiner sah ihn irritiert an.

„Na ja, nicht, dass du wieder auf schnulzige Gedanken kommst!“, fügte Felix erklärend hinzu. Peiner wusste, dass sein Freund recht hatte, und auch wenn er von der Friedhofsaussicht nicht gerade begeistert war, versprach er, seinem Rat zu folgen.

Bereits am nächsten Morgen rührte Peiner mit dem Kaffeelöffel in dem üppigen Milchschaum seines Latte Macchiato und schielte aus den Augenwinkeln vorsichtig durch die Gitterstäbe des Seiteneingangs zum Gesandtenfriedhof. Einfache, aber auch pompöse, aufrecht an den Wänden angebrachte Grabmonumente dienten der Erinnerung an die Verstorbenen. Sicher, er war schon öfter an der Kirche vorbeigekommen, und wenn Freunde zu Besuch kamen, bestieg er gern mal mit ihnen den Turm der Kirche, um ihnen stolz den wunderbaren Blick über die Dächer der Altstadt zu präsentieren. Selbstverständlich kannte er auch das Innere der Kirche, doch noch nie hatte er sich hinaus auf den Gesandtenfriedhof gewagt. Zu gruselig wirkten die alten Grabstätten rund um die Kirche. Peiner überlegte, ob es in Anbetracht seines literarischen Vorhabens nicht Zeit für einen Rundgang wäre, doch er verschob ihn feige auf den nächsten Tag. Stattdessen rückte er seinen Stuhl so, dass er direkt zum Friedhof sehen konnte, klappte sein Notebook auf und fing an zu tippen. Zuerst brachte er nur ein paar Gedankensplitter zustande, doch kurz darauf wurden daraus Sätze. Und aus einzelnen Sätzen wurden Seiten und schließlich eine Kurzgeschichte von sage und schreibe achtzehn Seiten. Peiner war erstaunt darüber, wie leicht es ihm gefallen war. Als er abends nach Hause kam, legte er sich zufrieden ins Bett und schlief erschöpft ein. Am nächsten Morgen ging er den Text noch einmal gründlich durch und rief seinen Freund an. Aufgeregt erzählte er ihm im Schnelldurchlauf von seiner ersten Gruselgeschichte. Er erläuterte, dass sein Protagonist von unheimlichen Gestalten heimgesucht und von ihnen quer durch die Regensburger Altstadt getrieben würde, bis man schließlich seinen geschundenen Körper tot im Wasserbecken des Brunnens am Bismarckplatz fände.

Felix reagierte entrüstet. „Echt jetzt? Du rufst mich an, um mir mitzuteilen, dass dir nichts Besseres eingefallen ist, als die Schlagzeile der Tagespresse abzukupfern?“

„Wie bitte? Ich versteh nicht …“

„Mann Matthias, jetzt tu doch nicht so! Ein Blick in die Zeitung und jeder weiß, wie viel Fantasie du bei der Geschichte an den Tag gelegt hast. Na gut, zumindest hast du unheimliche Gestalten drum herum drapiert – das muss man dir lassen!“

Peiner verstand gar nichts mehr. Nachdem Felix, ohne seine Antwort abzuwarten, aufgelegt hatte, ging Peiner schnurstracks zum nächsten Zeitungshändler. Als er auf die Titelseite der Mittelbayerischen Zeitung sah, traf ihn fast der Schlag. In großen Lettern stand darauf geschrieben: „Mysteriöser Toter im Bismarckbrunnen stellt Polizei vor Rätsel.“

Peiner lief es eiskalt den Rücken hinunter. Das konnte doch nicht wahr sein! Was spielte sich gerade in seinem Leben ab? Hatte er etwa ungeahnte hellseherische Fähigkeiten? Warum in Gottes Namen musste so etwas gerade jetzt passieren? Verwirrt ging er abermals zu dem kleinen Café, setzte sich auf denselben Platz wie am Tag zuvor und versuchte seine Gedanken zu sortieren. Warum auch immer seine Idee Wirklichkeit geworden war, es half nichts. Er würde eine neue Geschichte schreiben müssen.

Der Vormittag verging wie im Flug und zwei Haferl Kaffee und eine Breze später hatte Peiner eine neue Story fertig. Er entschied sich weiterzuschreiben und auch noch den Nachmittag zu nutzen. Das Wetter war ihm wohlgesonnen und auch an guten Einfällen mangelte es ihm nicht. Die eine Geschichte handelte von einem dämonisch aussehenden Hund, der mitten auf dem Haidplatz eine alte Frau angriff und halb tot biss. Die zweite von einem Omnibus, der von bösen Mächten geleitet frontal gegen die Außenmauern des Kolpinghauses krachte. Zufrieden, wenn auch erschöpft, ging

Peiner mit seinen Werken nach Hause. Auf den Treppenstufen vor seiner Einzimmerwohnung saß bereits Felix und wartete auf ihn.
„Und? Ist dir heute mal was Eigenes eingefallen?“
Peiner versuchte ihn davon zu überzeugen, dass er seine Geschichte tatsächlich am Vortag geschrieben und erst durch ihn von dem Toten im Brunnenbecken erfahren hatte. Doch so sehr er sich auch bemühte – sein Freund glaubte ihm nicht.
„Jetzt komm erst mal rein!“, forderte er ihn auf. Die beiden Freunde setzten sich auf die Couch und Peiner präsentierte ihm stolz seine neuen Geschichten. Aufmerksam las er sie durch und machte Peiner Mut.
„Nicht schlecht, mein Freund. Nicht schlecht. Am besten du schickst sie gleich heute noch per Mail an die Redaktion.“
„Meinst du?“
„Na klar, denk gar nicht lange nach. Mehr als ablehnen können sie ja nicht!“
„Du hast recht.“ Nervös machte sich Peiner an die Arbeit.
„Und zur Feier des Tages …!“ Felix holte zwei Bier aus seinem Rucksack und wedelte damit herum. „Zur Feier des Tages habe ich uns ein paar Bier gekauft!“

»… Dieser Ort scheint
wahrlich verhext zu sein …«

Die beiden Freunde saßen bis spät in die Nacht zusammen. Morgens wachten beide zwischen allerhand Bierflaschen und Chipstüten auf, als es plötzlich laut an der Tür klopfte. Mühsam öffneten sie ihre Augen und sahen sich fragend an.

„Wer kann das sein?“ Matthias war irritiert.

Felix lachte. „Hast du eine eifersüchtige Freundin, von der ich nichts weiß?“

Peiner winkte ab und schleppte sich zur Tür. Noch bevor er sie öffnen konnte, drang ein eindringliches: „Herr Peiner? Aufmachen, Polizei!“ herein.

Felix sprang erschrocken von der Couch hoch. „Polizei?“

Matthias zuckte mit den Achseln und öffnete die Türe.

Zwei uniformierte Polizisten standen mit ernsten Mienen davor.

„Was ist? Was wollen Sie?“, stammelte Peiner.

Wortlos streckte ihm einer der Polizisten ein paar Seiten Papier entgegen.

„Sie haben gestern der Redaktion des Mordsblatts diese Geschichten zugeschickt. Das sind doch Ihre Geschichten, nicht wahr?“

Matthias beäugte die Blätter und nickte.

„Ja, die habe ich gestern geschrieben! Warum?“

„Warum? Das fragen Sie wirklich?“

Felix kam unterstützend hinzu. „Was soll das denn? Seit wann kommt die Polizei ins Haus, wenn jemand ein paar belanglose Gruselgeschichten schreibt?“

„Belanglos? Sie nennen es also belanglos, wenn jemand Stunden zuvor weiß, was in dieser Stadt passieren wird? Sie nennen es belanglos, wenn jemand einen Hund auf eine alte Dame hetzt, oder einen Bus gegen die Hausmauer lenkt?“

„Was? Aber das kann doch nicht sein!“

„Ja, das dachten wir ehrlich gesagt auch. Es kann wirklich nicht sein, dass Ihre Geschichten mit den Vorfällen in der Stadt rein gar nichts zu

tun haben. Daher müssen wir Sie bitten, uns aufs Revier zu folgen!"
„Aber er hat doch gar nichts getan!", warf Felix ein.
„Ob dem so ist, möchten wir ja herausfinden."
Felix protestierte, doch Peiner folgte der Aufforderung der Polizisten, wenn auch widerwillig.
Was war nur geschehen? Hatte Matthias ihm tatsächlich die Wahrheit über seine Geschichte mit dem Toten im Brunnen erzählt? Wenn alles Geschriebene von Matthias zur Realität wurde, dann erklärten sich die Vorkommnisse der letzten Nacht. Wie um Himmels Willen sollte sein Freund sich nur aus der Verantwortung für die Geschehnisse ziehen? Verwirrt klappte Felix Matthias' Notebook auf und versuchte zu ergründen, ob sein Freund noch eine weitere Geschichte gespeichert hatte. Er fand den Anfang einer eher lieblichen Geschichte. Nur Titel und wenige erste Sätze standen dort:
Liebe im Schatten der Dreieinigkeitskirche
Die wunderschöne Lena saß an einem der Außentische ihres Lieblingscafés Legato und wartete. Genauer gesagt wartete sie auf Marco, doch er kam nicht. Ihr Handy vibrierte. Traurig las sie Marcos Ausrede, warum er sie auch diesmal versetzen musste. Sie seufzte: „Dem nächsten Mann, der auch nur im Entferntesten nett zu mir ist, werde ich eine Chance geben!"
Lena spielte gedankenverloren mit einer ihrer rot gelockten Haarsträhnen und …

Mehr hatte Matthias Peiner nicht verfasst. Nachdenklich ließ Felix die geschriebenen Worte in seinem Kopf nachhallen und blickte zum Fenster hinaus. Was, wenn es nicht an dem Autor, sondern an dem Schreibort lag? Immerhin hatte Peiner nie zuvor irgendetwas geschrieben, das sich danach bewahrheitete.
„Es gibt nur eine Möglichkeit, das herauszufinden!", flüsterte Felix leise, klemmte das Notebook unter seinen Arm und ging schnellen Schrittes zum Café Legato. Bereits von Weitem nahm Felix eine hübsche junge Frau wahr, die draußen an einem der Tische saß. Er setzte sich an den Tisch neben ihr. Beherzt klappte er das Notebook auf und konzentrierte sich wieder auf Matthias' Text.
Dann wanderte sein Blick irritiert zu der Frau am Nebentisch. Sie hatte langes, rot gelocktes Haar. Das Handy vor ihr auf dem Tisch vibrierte. Erwartungsvoll starrte sie auf das Display. Als sie die empfangene Nachricht las, senkte sie traurig den Kopf.
Das konnte doch nicht sein? Die Frau drehte eine ihrer Haarsträhnen um den Zeigefinger. Mit klopfendem Herzen blickte Felix auf den Monitor des Notebooks. Schien es wirklich zu funktionieren?
‚Ich muss es einfach probieren!', dachte er und begann Peiners geschriebene Worte fortzusetzen.
Lena spielte gedankenverloren mit einer ihrer rot gelockten Haarsträhnen und …
… und sie konnte ihre Tränen nicht mehr zurückhalten. Ein junger Mann vom Nebentisch lächelte sie mitfühlend an und gab ihr wortlos ein Taschentuch. Als sie das Taschentuch entgegennahm, streiften sich kurz ihre Hände, und Lena fragte sich, ob sie ihn später, wenn er seine Schreibarbeiten auf dem Notebook beendet hatte, auf einen Kaffee einladen sollte.

»… Sein Blick fokussierte den unteren Bereich der schweren Holztüren …«

»… Felix erinnerten sie an ein antikes Relief in der Stadt Rom. Genauer gesagt an die *Bocca della Verità* – den Mund der Wahrheit …«

Vorsichtig nahm Felix seine Finger von der Tastatur und wartete. Nur wenige Sekunden später liefen der Frau von gegenüber Tränen über die Wangen. Sein Herz schlug ihm jetzt bis zum Hals. Er stand auf und gab ihr ein Taschentuch. Sie nahm es überrascht und ohne ein Wort entgegen, ihre Hände streiften sich kurz. Dann setzte er sich wieder an seinen Tisch. Sie lächelte verlegen.

Felix war sprachlos. ‚Dieser Ort scheint wahrlich verhext zu sein!'

Fasziniert starrte er auf seine zitternden Hände. „Entschuldigen Sie!", sagte plötzlich die hübsche Rothaarige zu ihm. „Bitte verzeihen Sie, aber ich habe mich gar nicht bei Ihnen bedankt. Darf ich Sie vielleicht später auf einen Kaffee einladen?"

„Unglaublich!", stammelte Felix.

„Wie bitte?"

„Unglaublich gerne, meine ich! Einen kleinen Moment, ich schreib nur noch schnell fertig, dann setze ich mich zu Ihnen!"

Felix beschloss, seinem Freund besser nichts davon zu erzählen. ‚Vielleicht sollte ich in Zukunft die Geschichten schreiben!', dachte er und schloss das Notebook. Als er aufstand, um sich zu seiner Tischnachbarin zu setzen, sah er nochmal zu dem alten Nebenportal der Kirche hinüber. Sein Blick fokussierte den unteren Bereich der schweren Holztüren. Auf beiden Seiten befand sich die Abbildung eines Gesichtes, das weit den Mund aufriss. Felix erinnerten sie an ein antikes Relief in der Stadt Rom. Genauer gesagt an die *Bocca della Verità* – den Mund der Wahrheit.

‚Ich glaube, ich werde mir in Zukunft meine eigene Wahrheit schreiben. Hier im Schatten der Dreieinigkeitskirche wird mir sicher so manche Story einfallen!', dachte Felix und setzte sich lächelnd zu Lena.

Einige Stunden später wurde Peiner wieder aus dem Verhör entlassen. Man konnte ihm zwar nie beweisen, dass er wirklich mit den mysteriösen Vorfällen etwas zu tun hatte, doch ein fader Nachgeschmack blieb. Er wurde auch lange danach noch mit sehr kritischem Auge von der Polizei beobachtet.

Während Matthias Peiner zukünftig einen großen Bogen um die Dreieinigkeitskirche machte und nur mittelmäßige Liebesromane zustande brachte, wurde Felix ein sehr erfolgreicher Schriftsteller, dessen Geschichten ausschließlich der schönen Seite des Lebens verschrieben waren.

Neunburg vorm Wald

Steffls Fischweib und das verwunschene Schloss

Das beste Geschenk, das Hubert Eichner dieses Jahr zum Geburtstag bekam, hat er sich selbst geschenkt. Nämlich einen lang ersehnten Angelausflug zum Eixendorfer Stausee. Der Münchener hatte früher viel Zeit an diesem See verbracht, doch seit ein paar Jahren graute ihm immer mehr vor der langen Autofahrt. In diesem Herbst allerdings war alles anders. Eichner fühlte sich so jung wie nie zuvor und steckte voller Tatendrang. Als leidenschaftlicher Angler hatte er sich kurzerhand ein neues Campingzelt und eine Angel angeschafft und reiste damit in die Oberpfalz. Auf der Fahrt fragte er sich, welchen Fisch er diesmal wohl an Land holen würde. Sein Wunschfang war jedenfalls seit Jahren so klar wie das Wasser des Sees: Ein riesiger Karpfen. Ein wahres Prachtstück sollte es sein!

„Dieses Jahr wird es klappen!“ Eichner glaubte fest daran. Seiner Meinung nach war der Herbst sowieso die beste Jahreszeit, um große Fische zu fangen. Die Tage wurden langsam kühler und daher fiel auch die Wassertemperatur.

„Sicher ist den Fischen längst klar, dass sie sich für den kommenden Winter genügend Fett anfressen müssen!“, flüsterte Eichner vor sich hin und fuhr von der Autobahn ab. Tief in seine Gedanken versunken, musste er an frühere Zeiten denken. Bereits als junger Mann war er ein begeisterter Freizeitangler gewesen und das Seengebiet der Oberpfalz war ihm damals schon tausend Mal lieber als jeder Mittelmeerstrand. Eichner hatte nie verstanden, warum sich die Menschen ins Ausland begaben, um Urlaub zu machen, wo doch das eigene Heimatland so viele Ausflugsziele und Urlaubsregionen bot. Auch die zahlreichen historischen Orte rund um den Eixendorfer Stausee fielen ihm wieder ein. Er dachte an Schwandorf, Rötz und Neunburg vorm Wald. Eichner seufzte. Ob sich diese Städte in Zwischenzeit stark verändert hatten? Natürlich wusste er, dass nichts im Leben so bleibt, wie es mal war, aber instinktiv hoffte er darauf, die Zeit rund um den Stausee sei stehen geblieben. Endlich, nur wenige Kilometer nach Neunburg vorm Wald, als er die längste Staatsstraßenbrücke Bayerns überquerte, öffnete sich der lang ersehnte Panoramablick auf den See. Idyllisch wie eh und je lag das imposante Gewässer direkt unter ihm, eingebettet in das ehemalige Schwarzachtal. Eichner erinnerte sich, dass damals bei der Entstehung des Sees ganze Dörfer geflutet werden mussten und einer dieser untergegangenen Orte später dem See seinen Namen gab. Auf der gegenüberliegenden Seite angekommen, suchte er sich schnell ein geeignetes Plätzchen zum Campen und begann zügig mit dem Aufbau seines Zeltes. Schon bald würde die Sonne untergehen, daher musste er sich beeilen. Als er fertig war, machte er es sich vor seinem Zelt gemütlich und genoss die Natur. Nach einer Weile fasste er einen Entschluss:

Gleich in den frühen Morgenstunden würde er seine Angelrute auswerfen. Er stellte seinen

Eixendorfer Stausee und Altes Schloss Dürnitz in Neunburg vorm Wald

»… als er die längste Staatsstraßenbrücke Bayerns überquerte, öffnete sich der lang ersehnte Panoramablick auf den See …«

»… Schon bald würde die Sonne untergehen, daher musste er sich beeilen …«

Rundwanderweg
Neunburg v.W.
über Eixendorf
über Murnthal
BRÜCKE

Handywecker auf 03:30 Uhr, legte sich in seinen Schlafsack und sank in einen tiefen Schlaf. Plötzlich, mitten in der Nacht, zog ein heftiger Wind auf. Eichner richtete sich auf und wagte einen Blick durch den Spalt des Zeltverschlusses. Der dichte Wald um ihn herum rauschte bedrohlich. Nervös nahm er seine Taschenlampe aus dem Rucksack und verließ das Zelt. Was war nur los? Der Wetterdienst hatte doch noch am Nachmittag bestes Wetter vorausgesagt. Und nun schien sich ein starkes Unwetter über ihm breitzumachen. Zögernd leuchtete er auf den See. Die zuvor glatte und ruhige Wasseroberfläche geriet langsam in schwankende Bewegungen. Erst entstanden nur kleine Wellen, doch der Wind ließ sie zu stärkeren Wogen mutieren. Schon bald schlugen sie bedrohlich ans Ufer. Fassungslos wich Eichner zurück und

leuchtete in Richtung Zelt. Es stand nur wenige Meter vom Ufer entfernt und er befürchtete, die Wellen könnten es mit sich reißen. Hastig richtete er den Lichtkegel der Taschenlampe zurück auf den Spiegel des Sees. Schäumendes Wasser, ähnlich wie Wildwasser, stieg kreisrund vor ihm empor. Das Wasser schien zu brodeln, ja gar zu kochen. Eichner schluckte. Panisch lief er in den Wald hinein und versuchte auf einen der Bäume zu klettern. Er erwartete das Schlimmste. ‚So muss es sich anfühlen, wenn ein Tsunami auf einen zukommt!', dachte er. Laut fing er zu beten an.

„Oh Gott, hilf mir!"

Eine dunkle Stimme durchbrach das Getöse des Wassers. „Hör auf zu beten!"

„Wer … wer spricht da?"

Eichner bekam keine Antwort. Mit zitternder Hand richtete er die Taschenlampe in die Richtung, aus der die Stimme gekommen war. Das Wasser beruhigte sich zwar ein wenig, doch was Eichners Augen jetzt zu sehen bekamen, ließ ihn erstarren. Eine menschenähnliche Gestalt, die nicht viel mehr als einen Bart am Leib trug, ragte aus den Wellen. Kein gewöhnlicher Mann, vielmehr ein Wesen aus einer anderen Welt.

Eichner fand seine Stimme wieder. „Was willst du von mir?"

Wieder erhielt er keine Antwort. Je genauer er das Wesen betrachtete, desto deutlicher wurde, dass es nicht aus Fleisch und Blut zu sein schien. Er oder es glich eher einer lebensgroßen Skulptur. Einer Skulptur aus grauem Stein, die einen gewickelten Blätterkranz um die Hüften trug.

Eichner fing an zu stottern. „Bist du Poseidon?"

Schallendes Gelächter durchdrang die Nacht und ließ den gesamten Waldboden erzittern.

„Poseidon?"

Das diabolische Lachen verstummte so schnell wie es angefangen hatte.

„Tritt ans Ufer heran!"

Eichner dachte nicht im Traum daran, dieser Aufforderung zu folgen. Stattdessen konnte er seine Augen nicht mehr von dem Wesen abwenden. In der rechten Hand hielt es einen Baumstamm und seine Linke lag andächtig auf der breiten Brust. Fast so, als wollte die Gestalt schwören, nicht Poseidon zu sein.

Ungeduldig schrie sie: „Du sollst ans Ufer treten. Sofort!"

Ängstlich kam Eichner aus seinem Versteck hervor und ging ihr mit zögernden Schritten entgegen. Plötzlich strahlte silbernes, glänzendes Licht vom Himmel herab und leuchtete wie ein Scheinwerferkegel direkt auf das Wesen.

»… Die zuvor glatte und ruhige Wasseroberfläche geriet langsam in schwankende Bewegungen …«

Eichner blieb bei diesem Anblick wie angewurzelt stehen.
„Du musst mich nicht fürchten. Ich bin nicht Poseidon. Ich bin der Steinerne Steffl und DU bist auserkoren mir zu helfen!"
„Auserkoren? Zu was denn?", stotterte Eichner.
„Du wirst mir helfen, mein Fischweib wieder zu finden!"
„Dein Fischweib?"
„Mein Weib. Ich vermisse sie nun schon seit Hunderten von Jahren!"
Eichner war tief verstört. „Aber, wie soll ich ...?"
Der Steinerne Steffl fasste an den Blätterkranz und befreite einen großen, geschwungenen Eisenschlüssel von den Ranken.
„Finde das Schloss und öffne damit den Grund des Seebodens!"
Noch ehe Eichner weitere Fragen stellen konnte, warf der Steinerne Steffl den Schlüssel ans Ufer. Er landete direkt vor Eichners Füßen. Vorsichtig bückte er sich nach ihm. In dem Moment, in dem Eichner ihn berührte, wurde ihm schwarz vor Augen.
Die Mittagssonne strahlte hell vom Himmel. Verwundert rieb Eichner seine Augen. Warum lag er unter freiem Himmel und nicht in seinem Zelt? Eben wollte er sich aufrichten, als ein junger Mann sich über ihn beugte.
„Hallo? Alles in Ordnung mit Ihnen?"
Erschrocken sprang Hubert Eichner auf.
„Was ist? Wer sind Sie?"
„Oh Mann, Sie haben vielleicht tief geschlafen, wir haben uns schon Sorgen gemacht!"
„Wir?"
Der junge Mann deutete auf zwei weitere Männer, die hinter ihm standen. „Wir sind vom Neunburger Fischereiverein und kümmern uns um den Fischbestand dieses Gewässers!"
Eichner war die Situation peinlich.
„Oh Gott, ich hatte einen ganz fürchterlichen Traum! Hab geschlafen wie ein Stein. Eigentlich wollte ich ja in der Früh einen Karpfen an Land ziehen." Eichner fuhr sich mit beiden Händen durch sein Haar.
„Wer will das nicht?", lachte einer der Männer.
„Stattdessen habe ich von einem Steinernen Steffl und seinem Fischweib geträumt."
Der junge Mann klopfte Eichner auf die Schulter. „Wenn Sie jemals sein Weib an der Angel haben sollten, dann passen Sie besser auf, dass Sie von ihr nicht in die Tiefe gezogen werden!"
„Wie meinen Sie das? Sagt Ihnen denn der Steffl und sein Weib etwas?"
„Na klar, wir sind doch Neunburger!"
Die freundlichen Vereinsmitglieder klärten ihn über die Geschichte des Steinernen Steffls mit seinem Weib auf. Sie erwähnten, dass die Figur beim Bau des Stausees mehrfach versetzt wurde und beschrieben ihn genauso, wie Eichner ihn in der Nacht zuvor zu sehen bekommen hatte.
„Eigentlich stand die Skulptur auf einer über die Schwarzach führenden Brücke, direkt gegenüber einem Fischweib aus Stein. Doch die Brücke fiel einem Hochwasser zum Opfer und die weibliche Figur ging dabei in den Tiefen des Wassers verloren!"
Die Männer verabschiedeten sich.
Eichner lief es eiskalt über den Rücken. Hatte er wirklich nur geträumt? Ängstlich ließ er seine Blicke über den ruhigen Wasserspiegel des Sees kreisen. Instinktiv suchte er dabei seine Hosentaschen nach der Taschenlampe ab, doch alles, was er fand, war ein alter, eiserner Schlüssel. Verwirrt hielt er den Schlüssel in die Höhe und lief den Männern hinterher.
„Hey, warten Sie. Können Sie mir vielleicht sagen, in welches Schloss dieser alte Schlüssel passen könnte? Ich habe ihn gestern hier gefunden!" Eichner war nicht wohl bei der Lüge, aber vor der Wahrheit fürchtete er sich noch mehr. Außerdem wollte er nicht für verrückt gehalten werden. Einer der Männer blieb stehen und sah sich den Schlüssel an.
„Der scheint ja ebenso alt wie unser Steffl zu sein!", scherzte er. „Ein Schloss dafür weiß ich nicht, aber ich würde ihn im Schwarzachtaler Heimatmuseum abgeben. Die haben dort ein eigenes Zimmer dem Thema Eisen verschrieben. Sicher freut sich die Museumsleitung über Ihren Fund!"
Eichner bedankte sich nickend und ließ die Männer weiterziehen. Nachdenklich drehte er den Schlüssel um seine Achse. Er beschloss,

dem Museum noch heute einen Besuch abzustatten.
Nach einem kurzen Einkauf in der Stadt besuchte er das liebevoll geführte Heimatmuseum in der Altstadt von Neuburg vorm Wald und kaufte sich an der Kasse einen Museumsführer. Darin war vermerkt, dass das Museum mit zu den ältesten und größten der Oberpfalz gehörte. Es befand sich in dem mächtigen Bau des Alten Schlosses – dem sogenannten Dürnitz. Begeistert über die historischen Räume des ehemaligen Stadtschlosses und seines spätgotischen Wartturmes, suchte Eichner dennoch zielstrebig die attraktive Sammlung von Eisenwaren auf. Unzählige, prunkvolle Schlösser und viele schwungvoll geformte Schlüssel offenbarten sich seinen Augen. Schnell war ihm klar, dass die damaligen Schmiede mit großer Leidenschaft und Liebe zum Detail ihre Schätze angefertigt hatten. Eichner staunte nicht nur über die raffinierten und ausgefeilten Techniken der historischen Schlösser, sondern auch darüber, dass sie offen, ohne jeglichen Glasschutz oder dergleichen, präsentiert wurden. Besonders eines von ihnen hatte es ihm sofort angetan. Fasziniert starrte er auf das aufwendig aus Schmiedeeisen angefertigte Stück. Vorsichtig fingerte er den antiken Schlüssel aus seiner Hosentasche und versuchte mit dem bloßen Auge zu erkennen, ob er passen könnte. Je länger er den Schlüssel und das Schloss betrachtete, desto sicherer war er sich. Das musste es sein!
Verzaubert von den einzigartigen Verzierungen, verfiel Eichner dem Reiz, es auszuprobieren. Er musste einfach! Als der Museumsmitarbeiter von einem Touristen in ein Gespräch verwickelt wurde, nahm er das Schloss aus seiner Halterung und steckte es mit klopfendem Herzen schnell in seine Jackentasche. Der erwartete Alarmton einer möglichen Sicherheitsanlage blieb aus. Ohne lange nachzudenken, verließ Eichner mit seinem historischen Diebesgut das Museum und fuhr so schnell es ging zurück zum See. Wie ein kleines Kind, das ein Geheimnis hüten will, versteckte er sich in seinem Zelt und schloss den Reißverschluss des Eingangs. Verstohlen nahm er seine beiden Schätze aus der Jackentasche. Mit zitternden Fingern führte er den Schlüssel in das Schlüsselloch ein und hielt für kurze Zeit den Atem an. Langsam drehte er den Schlüssel im Uhrzeigersinn. Es klackte leise und das Schloss öffnete sich. Auch wenn sonst nichts weiter geschah, Eichner war sich sicher, dass er heute Nacht damit den Grund des Seebodens öffnen könnte. Außer sich vor Freude lief er nach draußen zum Ufer des Sees.
„Ich habe es! Das Schloss, Steffl – ich habe es gefunden! Nur dass du es weißt – das kostet dich einen fetten Karpfen!“, lachte Eichner euphorisch. Schnell überlegte er, wo er sein Diebesgut verstecken könnte, damit man es im Falle des Falles nicht bei ihm finden würde. Schnell entschied er sich dafür, die beiden Eisenwaren direkt ins Wasser unter einen flachen Stein am Uferrand zu legen. Zufrieden mit seinem Versteck setzte er sich nah ans Wasser und warf schwungvoll seine Angelschnur aus. Diese Nacht würde er wach bleiben. Und wenn der Steinerne Steffl heute wieder auftauchte, würde er ihm stolz das Schloss präsentieren. Eichner befestigte die Angel am Rutenhalter und lehnte sich mit dem Rücken gegen einen Baumstamm, den wohl der Wind von letzter Nacht zu Fall gebracht hatte.
Das Vogelzwitschern am nächsten Morgen weckte Eichner. Erschrocken fuhr er hoch. Das durfte doch nicht wahr sein! Abermals war er einfach eingeschlafen. Mehr noch – er hatte dieses Mal auch noch die ganze Nacht durchgeschlafen. Irritiert blickte er um sich. Der See lag ruhig vor ihm. Seine Angelrute ragte wie am Abend zuvor unspektakulär über den Wasserspiegel. Kein Steinerner Steffl war weit und breit zu sehen. Mit hängenden Schultern ging Eichner zum Ufer und hob den Stein an, unter dem er das Schloss samt Schlüssel versteckt hatte. Doch beide Gegenstände waren verschwunden. Panisch kniete er sich an den Uferrand und durchwühlte mit beiden Händen den schlammigen Boden. Nichts. Fassungslos fasste er sich an die Stirn.
„Unmöglich, das kann unmöglich sein …!“

»... Es befand sich in dem
mächtigen Bau des
Alten Schlosses – dem
sogenannten Dürnitz ...«

Eichner stammelte immer wieder dieselben Worte vor sich hin.
Plötzlich spürte er ein ruckartiges Zucken an seiner Angel. Erst einmal, dann immer wieder. Eichner stürmte zur Angelrute. Als er sie in die Hand nahm, sah er auf der Erde eine Schwimmsemmel liegen und ein Glas Honig. Eichner konnte sich keinen Reim darauf machen, doch er war auch viel zu sehr damit beschäftigt, dem angebissenen Fisch Stand zu halten. Die nächsten Minuten wurden für Eichner nervenaufreibend. Was er auch gerade am Haken hatte, es wehrte sich vehement, an Land geholt zu werden. Für kurze Zeit musste Eichner an die Worte des jungen Mannes vom Neunburger Fischereiverein denken, doch er konnte sich nicht vorstellen, dass er das Fischweib an der Angel hatte. Eigentlich konnte sich Eichner nicht einmal mehr vorstellen, dass er jemals den Steinernen Steffl gesehen hatte.
Schließlich holte Eichner seinen Fischfang mit Hilfe eines Keschers an Land. Es war der Fang seines Lebens – vor ihm im Kescher zappelte ein riesiger Graskarpfen. Eichners Herz pochte wild vor Freude. Er hatte es tatsächlich geschafft! Plötzlich machte alles einen Sinn. Eichner wusste, dass viele Angler mit Schwimmsemmeln gute Erfahrungen bei Graskarpfen machten. Diese besondere Karpfenart hatte eine Schwäche für süßliche Köder, und wenn man den Köder vor dem Wurf in Honig eintunkte, erhöhte dies die Chancen auf einen Fang. Eichner blickte auf das Honigglas. Niemals hätte er auch nur im Traum daran gedacht, hier in diesem See einen Graskarpfen fangen zu können. Die deutschen Seen waren eigentlich viel zu kalt, um diesen Fischen einen geeigneten Laichplatz zu bieten. Mit Sicherheit hatte ihn hier jemand ausgesetzt, oder … Eichner traute sich nicht den Gedanken weiterzuspinnen.

Einige Tage später, kurz vor Eichners Abreise, brachte ihm der nette junge Mann vom Fischereiverein eine aktuelle Tageszeitung. „Sehen Sie nur, Herr Eichner! Das Foto von Ihnen ist heute in der Zeitung!“
Hubert Eichner hatte am Tag seines Fangs den Karpfen dem Verein

präsentiert. Begeistert hatten sie ihn bei dieser Gelegenheit mit seinem Fisch fotografiert und das Foto an die hiesige Presse weitergereicht. Stolz las Eichner den Bericht.

„Ach übrigens …", ergänzte der junge Mann. „Sie hatten mich doch letztens nach dem Fischweib des Steinernen Steffels gefragt …" Er deutete mit seinem Zeigefinger auf die andere Seite der aufgeschlagenen Zeitung. „Wie es der Teufel will, hat der See nun endlich die alte Skulptur des Fischweibes freigegeben!"

Fassungslos starrte Eichner auf den Bericht.

„Der Teufel hat damit wenig zu tun", antwortete Eichner ruhig und blickte gedankenverloren auf den See. Das Sonnenlicht glitzerte sanft auf der Wasseroberfläche und Eichner bemerkte, wie sich kleine, kreisförmige Wellen darauf bildeten. Zuerst dachte er, ein Regentropfen sei auf den Wasserspiegel gefallen oder ein Fisch habe nach Luft geschnappt, doch dann sah er sie. Keine Geringeren als der Steinerne Steffl und sein anmutiges Fischweib schwammen wiedervereint dicht unter der Wasseroberfläche und ihr Lächeln schimmerte mit dem Sonnenlicht um die Wette. Augenzwinkernd flüsterte Eichner: „Ich glaube, mit *einem* fetten Karpfen ist das nicht abgetan. Was meinst du, mein Freund?" ⸭

Laaber

Gefangen im Tal der Schwarzen Laber

„Hörst du mir überhaupt zu,Paula?“ Hans, der sich über mich beugte, als ich den vorbeiziehenden Wolken am hellblauen Himmel nachsah, nahm mir die Sicht.
„Na klar, was denkst du denn?“
Genervt setzte ich mich auf. Jedes einzelne seiner Worte in der letzten Stunde hallte noch in mir nach. Anscheinend war es nicht genug, dass ich heute eine Fünf in Mathe kassiert hatte und nicht wusste, wie ich es meinen Eltern beibringen sollte. Ich musste mich auch noch von unheimlichen Geschichten über den Wald um uns herum einschüchtern lassen. Gut, es war schon eigenartig, dass wir hier auf eine Lichtung gestoßen waren, die kreisrund und ohne jegliche Vegetation zu sein schien, doch bisher waren wir ja auch noch nie in diesem Abschnitt des Waldes gewesen. Seit ich denken konnte, fuhren wir nach der Schule von unserem Heimatort Kleinetzenberg zur Münchsmühle hinab, und wenn es unser Taschengeld erlaubte, gönnten wir uns einen Eisbecher. Wir liebten die alte Mühle und ihre verwunschene Umgebung. Vor allem die kleine Insel rechts von ihr, durch die sich die Schwarze Laber auf natürliche Weise teilt. Hier mutierten wir schon mal zu Piraten oder Ureinwohnern, schlugen uns durch den Dschungel und kletterten auf Bäume. Manchmal hielten wir auch einen Kescher oder ein Sieb ins Wasser und hofften, damit geheimnisvolle Fundstücke zu bergen oder gar auf Gold zu stoßen. Auch, wenn wir in den nahegelegen Wald wollten, war unsere Insel stets die erste Anlaufstelle. Dort befand sich eine verwitterte Holzkiste, an der wir unsere Bonanza-Fahrräder anlehnen konnten, ohne unsere Heiligtümer achtlos ins Gras legen zu müssen. Von hier aus begaben wir uns auf abenteuerliche Erkundungstour in den Wald. Einmal suchten wir nach verborgenen Schätzen, ein anderes Mal nach einer mystischen Welt. Gefunden hatten wir dabei meist nichts Besonderes – zumindest bis zu dem Tag, an dem wir auf diese Lichtung stießen.
Wir, das waren meine Schulfreunde Emmy, Martin, Hans und ich. Hans und Martin gingen in eine Klasse über uns und waren ein bisschen älter als wir Mädchen. Hans war der Älteste von uns allen und immer damit beschäftigt, uns Schauermärchen zu erzählen – Gruseliges über die Burgruine von Laaber zum Beispiel, oder Spukgeschichten von irgendeinem Kellergewölbe. Hans genoss es in vollen Zügen, wenn wir seinen Worten mit weit aufgerissenen Augen und Ohren lauschten. Mit der Zeit jedoch durchschaute ich, dass er die Macht der Wörter meist nur benutzte, um Emmy Angst einzujagen. Verschmitzt lächelnd nahm er es hin, wenn sie sich angsterfüllt an seine Schulter lehnte. Manchmal hatte ich das Gefühl, dass Martin es Emmy gerne gleich tun wollte, denn sein Gesichtsausdruck war nicht minder ängstlich.
An diesem Nachmittag allerdings wurde selbst mir unwohl bei Hans‘ Geschichten. Er beteuerte, dass es in dem Waldteil rund um die Lich-

Münchsmühle und Burgruine Laaber

tung spukt. Nur wenige Menschen hätten angeblich den Weg von dieser sagenumwobenen Lichtung zurück nach Laaber gefunden. Natürlich wusste ich, dass kaum eine andere Region in der Oberpfalz so legendenumwoben und mysteriös wie die des Schwarzen Labertals war, doch dass je Menschen hier verschwunden sind, hatte ich noch nie zuvor gehört.
Emmy rückte immer näher zu Hans und versuchte dem Ganzen ein Ende zu bereiten. „So ein Quatsch! In diesem Wald ist noch nie jemand verschwunden. Dass hätten mir meine Eltern und Großeltern schon längst erzählt!"
„Bist du dir da sicher? Immerhin treffen wir uns ja hier immer heimlich. Oder nicht?"
Hans hatte recht. Meine Eltern hätten mich gelyncht, wenn ich ihnen verraten hätte, dass wir hier unsere Freizeit verbrachten. Wenn ich ehrlich bin, hatten sie es mir sogar verboten.
Was, wenn Hans richtig lag und Unheimliches hier geschah?
Hans freute sich sichtlich über meinen entsetzten Gesichtsausdruck.
„Glaubt mir, Leute – in diesem Wald passiert so manch Unerklärliches!"
„Was denn noch? Erzähl weiter!" Martins Neugier wuchs über seine Angst hinaus.
Mit geheimnisvoller Stimme trug Hans weiter seine Erzählungen vor: „Unser Herr Pfarrer hatte mal im Religionsunterricht erwähnt, dass es tief im Waldesinneren ein geheimnisvolles Portal oder so was geben soll. Ein Portal, das in eine andere Dimension führt. Glaubt mir, Freunde, was sich hier zugetragen hat, kann man wahrhaftig nicht als irdisches Phänomen erklären!"
Martin kam in Fahrt. „Du meinst Außerirdische?"
„Ich weiß nicht, ob es sich dabei um die Macht von Wesen aus einer anderen Welt handelt, aber mit Sicherheit um eine Art Energie, die nicht von dieser Welt stammt!"
In meinen Gedanken ging ich noch einmal den Weg durch den Wald. Ich dachte an die wilde, unberührte Natur um uns herum. An die unzähligen moosgrünen Felsen, die den Weg säumten, und an die tiefen Höhlen in den alten Baumstämmen, die den Vögeln als Behausung dienten. Mir fiel die verwitterte, mittelalterliche Burg unseres Ortes ein und die Schwarze Laber, die sich wie eine geschmeidige Schlange durch das Tal schlängelte.
Hans hatte es lange noch nicht satt uns zu ängstigen und sprach unbehelligt weiter. „Wenn ihr mich fragt, dann ist dieser Wald das Oberpfälzer Bermudadreieck!"
Martin erbleichte. „Du meinst, dass wir hier nie wieder herausfinden werden?"
„Wer weiß das schon, mein Freund. Wer weiß!"
Entsetzt sprang Emmy auf. „Jetzt reicht es, Hans. Wir gehen sofort nach Hause!"
Mein Herz klopfte vor Wut. „Nach Hause? Mensch Hans, jetzt gib doch endlich zu, dass du uns nur Angst einjagen willst. Ich habe wirklich keine Lust, wegen dir und deinen Geschichten heimzufahren!"
„Wegen mir? Das hat doch wohl ganz andere Gründe, meine Liebe, nicht wahr?" Er grinste hämisch.
Während Emmy, Hans und Martin aufstanden, blieb ich bockig am Boden liegen und signalisierte ihnen mit einer Handbewegung, dass sie das Weite suchen sollten. Emmy schien als Einzige darüber entrüstet zu sein.
„Komm schon, Paula. Jetzt lass dich nicht so betteln. Du kannst doch hier nicht alleine zurückbleiben!"
Ich tat so, als ob ich sie nicht hören würde, kreuzte meine Arme lässig hinter meinem Kopf und schloss die Augen.
„Ach du meine Güte. Madame ist beleidigt. Lass sie nur, Emmy – sie kommt uns sicher gleich nachgerannt!", lachte Hans siegessicher und entfernte sich. Emmy stupste mich noch ein, zwei Mal an und versuchte mich umzustimmen, doch das ließ mich unbeeindruckt. Nach einer Weile hörte ich nur ihre leiser werdenden Schritte. Schließlich wurde es still. Sollten sie doch ohne mich zurückgehen! Ich würde ihnen schon beweisen, dass ich keine Angst davor hatte, allein zu sein. Außerdem war ich mir hundertprozentig sicher, dass sie sich nicht weit von mir entfernen würden. Wahrscheinlich versteckten sie sich gerade irgendwo in der Nähe hinter einem Baum und beobachteten mich.

»… Mir fiel die verwitterte, mittelalterliche Burg unseres Ortes ein …«

»... Ein Portal, das in eine
andere Dimension führt ...«

»… Er beteuerte, dass es in dem Waldteil rund um die Lichtung spukt …«

‚Jetzt nur keine Angst zeigen, Paula. Sonst musst du dir ihr Gelächter bis in alle Ewigkeit anhören!', dachte ich und beschloss, ruhig liegen zu bleiben. Die Sonnenstrahlen wurden milder und brannten nicht mehr auf meiner Haut. Noch etwa zwei Stunden, dann musste ich zu Hause sein. Wenn man wie ich viel Zeit draußen verbrachte, konnte man die Zeit an dem Stand der Sonne und ihrer Wärme bestimmen. Man brauchte keine Armbanduhr oder ein Mobiltelefon. Zum Glück, denn den Wunsch nach einem Handy hatte mir die Mathearbeit wohl sowieso vermasselt. Wie gemein es vorhin von Hans doch gewesen war, mich wegen meiner Zensur zu belächeln! Er hatte mit seinen Noten kein Problem. Würde es ein Fach geben, das sich ausschließlich unheimlicher Thematik widmen würde, gehörte er sicher auch zu den Besten seiner Klasse. Gegen meinen Willen musste ich an die Erzählungen von Hans denken und erinnerte mich, dass er oft glühende Augen, die plötzlich aus dem Dunkel auftauchen, erwähnte, oder flüsternde Stimmen aus dem Nichts. Meine Gedanken begannen zu kreisen, und trotz dieser unheimlichen Geschichten wurde ich immer müder und müder. Aus irgendeinem Grund konnte ich mich nicht dagegen wehren und schlief ein.

Als ich erwachte, hatte ich das Gefühl, höchstens fünf Minuten eingenickt gewesen zu sein. Die Sonne brannte in mein Gesicht und meine Haut spannte. Erschrocken fuhr ich hoch. Wie konnte das sein? Ich blickte hinauf zum Himmel. Die Sonne stand höher als zuvor. Demnach hätte es Mittag sein müssen, aber wie war das möglich? Ich konnte unmöglich fast vierund

zwanzig Stunden geschlafen haben. Panisch blickte ich mich um. Kein Mensch war weit und breit zu sehen.
„Emmy? Hans? Martin? Wo seid ihr?", rief ich verängstigt.
Ich sprang auf und staubte mein Kleid ab. Als ich mit den Händen über den Stoff streifte, erschrak ich. Wieso um Himmels Willen hörte der Stoff plötzlich über meinen Knien auf? Als ich heute Früh das Kleid angezogen hatte, ging es mir noch bis zu den Waden. Und warum um alles in der Welt war es plötzlich so verdammt eng? Irgendetwas stimmte hier nicht. Träumte ich noch? Ich kniff mich in den Oberarm. Es schmerzte. Ohne lang zu überlegen, fing ich an zu rennen. Ich wollte nur noch eins – raus aus diesem Wald und zurück zur Münchsmühle. Laut atmend sprang ich über das dichte Wurzelwerk des Waldes und versuchte mich zu orientieren. Die Felsen und Baumhöhlen halfen mir dabei. Endlich! Nach einer gefühlten Ewigkeit kam ich völlig außer Atem auf unserer Insel an, wo wir unsere Räder abgelegt hatten. Doch sie waren verschwunden. Irritiert blickte ich auf die alte Holzkiste. Sie sah noch verwitterter aus als je zuvor und auf dem morschen Holzdeckel standen unzählige Kerzen. Verblichene Stofftiere boten ein schauerliches Bild. Als ich näher trat, sah ich ein altes Foto von mir, das in einer Klarsichthülle auf der Kiste befestigt war. Darunter stand: *Wir vermissen dich!* Ich erkannte Emmys Handschrift. Mir lief es eiskalt über den Rücken. Noch bevor ich vor Angst schreien konnte, erblickte ich einen jungen Mann, der mit einem Blumenstrauß in seiner Hand über die Brücke ging und zielstrebig auf mich zukam. Wenige Meter vor mir blieb er abrupt stehen. Fassungslos sah er mich an und ließ den Strauß zu Boden fallen.
„Paula?", fragte er mit erstickter Stimme.
Erstarrt musterte ich ihn und traute meinen Augen nicht. Wie konnte das sein? Ungläubig erwiderte ich: „Hans?"
Ohne lange zu überlegen, riss Hans die Arme auf und umarmte mich innig. Er drückte mich fest an sich und weinte und lachte zugleich.
„Meine Güte, Paula! Wo warst du die letzten zwei Jahre?"
Mir stockte der Atem.
„Zwei Jahre? Aber, wie … wie ist das möglich?"
„Wie das möglich ist, musst du mir erklären. Immerhin bist du seit damals, als wir uns auf der Lichtung getrennt hatten, verschwunden. Wir haben tagelang nach dir gesucht, doch weder dich noch die Lichtung wiedergefunden. All die Zeit über dachten wir, du wärst tot!"
Verdutzt sah ich ihn an.
„Du meinst gestern. Wir haben uns gestern getrennt. Nicht wahr?" Doch warum sah Hans dann so verändert aus?
Hans blickte mich eindringlich an und schüttelte fassungslos den Kopf.
„Kannst du dich denn gar nicht mehr erinnern, was in der Zwischenzeit geschehen ist?"
„Alles, an was ich mich erinnere, ist, dass ich keinerlei Angst im Wald verspürte."
Hans zog seine Stirn in Falten. „Bist du gesund? Ich meine – geht es dir gut?"
„Ja, ich glaube schon. Ehrlich gesagt fühle ich mich sogar prima. Irgendwie so … voller Energie!"
„Voller Energie? Meinst du vielleicht so, wie die Wesen aus einer anderen Dimension?"
Sprachlos zuckte ich mit den Achseln und sah zurück zum Wald. Sanft wiegten sich die Äste der Bäume im Sommerwind. Vögel zwitscherten und von der Ferne hörte ich das Klopfen eines Buntspechts, der wahrscheinlich damit beschäftigt war, sich seine Nisthöhle zu zimmern. Es wirkte alles so friedlich auf mich, fast zu friedlich. Was sollte ich Hans antworten? Ich wusste nicht, wie sich Wesen aus einer anderen Welt fühlen mochten, doch eins war sicher: Sollte mich wirklich das Oberpfälzer Bermudadreieck gefangen gehalten haben, dann würde ich es wohl nie erfahren.

Amberg

Das verlorene Glück

Und da war er plötzlich, der Tag, an dem sich das Leben von Doris Dobler grundlegend verändern sollte.

Nach dem frühen Tod ihres Mannes Paul hatte sie kaum mehr das Haus verlassen, doch ein Hotelgutschein des Amberger Eh'häusls, den ihre Tochter ihr geschenkt hatte, sollte dies ändern. Paul hatte immer zu Doris gesagt, dass derjenige, der von ihnen als Letzter auf dieser Welt bliebe, dem anderen von seinen Erlebnissen erzählen müsse, wenn sie sich wiedersehen. Und er hatte immer davon geträumt, ihre Goldene Hochzeit im Eh'häusl zu verbringen. Wie schön wäre es, wenn sich seine Worte eines Tages bewahrheiten würden und sie ihm von ihrer Übernachtung dort erzählen könnte!

Eigentlich war das Eh'häusl, das man auch das kleinste Hotel der Welt nannte, meist ausgebucht, doch Doris hatte Glück. Wie romantisch es sein müsste, dort seine Hochzeitsnacht zu verbringen! Wehmütig blickte sie auf eines von Pauls Fotos und drehte ihren Ehering am Finger. Um sich abzulenken, fing sie an, ihre kleine Reisetasche zu packen.

Am nächsten Morgen befand sich Doris bald inmitten der Churpfalzstadt Amberg, direkt vor dem kleinsten Hotel der Welt. Erst vor wenigen Jahren wurde das Eh'häusl aufwendig totalsaniert. Paul hatte ihr damals aufgeregt davon berichtet. Er erwähnte, dass dieses Gebäude bereits im siebzehnten Jahrhundert eigens für heiratswillige Paare erbaut wurde. Der Rat der Stadt verlangte damals von den zukünftigen Eheleuten den Nachweis eines Grundbesitzes. Ein geschäftstüchtiger Kaufmann bebaute daraufhin kurzer Hand eine Lücke zwischen zwei Häusern, zog eine Wand hoch, setzte ein Dach darauf und fertig war das bis heute bekannte Ehe-Haus, genannt Eh'häusl. Die Paare konnten es erwerben, heiraten und anschließend sofort wieder verkaufen. Der Vorschrift der Stadt wurde damit Genüge getan. Viele Jahre später diente das Eh'häusl als eine Luxus-Eremitage und somit auch als das sogenannte kleinste Hotel der Welt.

Andächtig ließ Doris ihren Blick an der Gebäudefront entlang wandern. Die Hausmauer hatte einen dunkelroten Anstrich und verlieh dem äußerst schmalem Gebäude ein edles Aussehen. Die Eingangstür wies einige kunstvolle Szenenbilder der Hochzeitspaare auf. Darüber ein weiteres Schmuckstück – das Schildchen mit der Hausnummer. Zwei in sich verwobene goldene Eheringe stellten die Zahl Acht dar und der Hintergrund des Täfelchens war in königlichem Kobaltblau gehalten. „Das wird bestimmt eine unvergessliche Nacht!“, seufzte Doris erwartungsvoll. Wie recht sie doch damit haben sollte!

Sie blickte auf ihre Armbanduhr. Noch zwei Stunden bis zum Check-in – ein klein wenig musste sie sich noch gedulden. Sie ging weiter und erlag bald ganz und gar dem mittelalterlichen Charme der Stadt. Historische Gebäude, verwunschene Türme, verwinkelte Gassen, aufwendig erbaute Brücken und jede Menge al

Hochzeitsbrunnen und Eh'häusl, Amberg

»… Sie ging weiter und erlag bald
ganz und gar dem mittelalterlichen
Charme der Stadt …«

te Mauern umgaben sie. So viel war sicher – die Stadt Amberg hatte sich über Hunderte von Jahren ihren idyllischen Charme erhalten.
Erneut am Hotel angekommen, nahm sie eine überaus freundliche Dame in Empfang. Sie erklärte Doris, dass es keinen Hotel-Portier gäbe und sie mit Übergabe des Haustürschlüssels der alleinige Gast im Haus sei. Auch erwähnte sie, dass ihr die Hausdame am nächsten Morgen das Frühstück servieren würde und sie bis morgen um elf Uhr ihren Aufenthalt genießen könne. Schließlich verabschiedete sie sich mit den Worten: „Ich wünsche Ihnen einen traumhaften Aufenthalt in unserem Eh'häusl. Jetzt gehört es Ihnen für eine Nacht!" Lächelnd überreichte sie ihr den Hotelschlüssel und kurze Zeit später betrat Doris zum ersten Mal in ihrem Leben das kleinste Hotel der Welt.
Vor ihr erstreckte sich eine lichtdurchflutete Treppe und aus gut getarnten Lautsprechern ertönte Verdis „La Traviata". Doris schloss ihre Augen, atmete tief ein und ließ die wunderbare Musik auf sich wirken. Sie fragte sich, welche Überraschungen dieses kleine Hotel noch für sie bereithalten würde. Vorsichtig stellte sie ihre Reisetasche im Entreebereich ab und begab sich auf Erkundungstour. Stockwerk für Stockwerk offenbarten sich ihr verschiedene Welten. Das Haus verfügte über einen roten Salon, ein Kaminzimmer sowie über ein Badezimmer und ein romantisches Schlafzimmer. Direkt über dem Schlafzimmer im siebten und letzten Stockwerk befand sich auch noch eine eigene Whirlpool-Etage mit Blick hinab auf das Bett. Doris traute ihren Augen nicht. Verzaubert von der liebevollen und edlen Einrichtung, sank sie kurz in das Federbett ihres heutigen Nachtlagers. ‚Schade, dass Paul das nicht mehr erleben kann!', dachte Doris und begann sich häuslich einzurichten. Überwältigt von dem unglaublichen Ambiente des Hotels entschied sie sich, den weiteren Tag zu Hause zu bleiben und ein Bad zu nehmen. Nichts und niemand würde sie heute noch aus diesen Haus herausbekommen – so viel stand fest. Sie öffnete das Dachfenster, legte sich gemütlich aufs Bett und blätterte in dem kleinen Reiseführer, den sie zuvor im Tourismusbüro mitgenommen hatte. Doris las von unzähligen Stadtführungen, denen man sich in Amberg anschließen konnte, und erfuhr viel Historisches und Kurioses über die Stadt. Zum Beispiel, dass der Erfinder des „Mensch-ärgere-dich-nicht-Spiels" in Amberg geboren wurde. Wie oft hatte sie früher mit Paul und den Kindern dieses Spiel gespielt! Die wehe Erinnerung zwang sie, das Buch beiseite zu legen.
Sie ließ Wasser in die Wanne ein und stieg kurze Zeit später in das wohlduftende Badewasser. Sie seufzte. Ein Whirlpool mit Regenbogenfarben – was für ein Tagesabschluss!
Tiefenentspannt kroch sie nach ihrem ausgedehnten Badevergnügen unter die angenehme Decke des riesigen Bettes und schlief kurz darauf ein. Doris träumte von Paul, ihrer gemeinsamen Hochzeit und den anschließenden Feierlichkeiten. Plötzlich tauchte ihre erwachsene Tochter auf. Sie warf sich vor Doris' Füße, hielt einen Brautschleier hoch und weinte bitterlich. „Oh weh mir und meinem Gemahl!", schluchzte sie unaufhörlich. Doris realisierte nur mühsam, dass sie träumte. Sie zwang sich aufzuwachen und rieb sich schlaftrunken die Augen. Erst als sie bemerkte, dass das Weinen einer Frau noch immer zu hören war, fuhr sie erschrocken hoch. „Wer ist da?", rief sie und die Stimme verstummte. Doris schaltete das Nachttischlämpchen an. Ängstlich hob sie es hoch und leuchtete damit den Raum aus. Sie wiederholte ihre Rufe.
„Hallo? Ist hier jemand?"
Keine Antwort.
Hatte sie wirklich nur geträumt? Sie hatte doch eben noch deutlich das Weinen einer Frau wahrgenommen! Doris war irritiert. Gerade als sie sich wieder ins Bett legen wollte, fing die Stimme erneut an zu klagen.
„Meinen Ring. Werte Frau, habt Ihr meinen Ring gesehen?" Doris erschrak fast zu Tode. Dieses Mal konnte sie die Stimme lokalisieren. Sie kam eindeutig von oben. Es war jemand in ihr Hotel eingedrungen. Leise bewaffnete sie sich mit einer Engelsfigur, die neben ihr auf dem Nachttisch stand, und leuchtete hinauf zur Whirlpool-Etage. Was Doris dann sah, raubte ihr den Atem. Eine junge Frau saß weinend am

Boden. Sie war leichenblass und trug ein Hochzeitskleid aus längst vergangener Zeit. Die Frau strich mit ihren Handflächen suchend über den Boden.

Doris fand ihre Stimme wieder. „Wer sind Sie? Was ... was machen Sie da? Und wie zum Teufel sind Sie hier hereingekommen?“

Die Frau drehte abrupt ihren Kopf und blickte ihr direkt in die Augen. Doris stockte der Atem.

Die Frau antwortete: „Ich muss meinen Ring finden! Ich habe ihn verloren.“

Doris Herz schlug bis zum Hals, trotzdem versuchte sie, die Frau zu beruhigen. „In Ordnung. Ich werde Ihnen suchen helfen, aber zuerst müssen Sie mir sagen, wer Sie sind!“

„Mein Name ist Eleonore.“

Doris Handy lag unten im Kaminzimmer. Zu weit entfernt, um die Polizei rufen zu können. Doris konnte nicht einschätzen, ob ihr diese Frau gefährlich werden könnte. Normal schien sie jedenfalls nicht zu sein.

„Gut, Sie suchen also einen Ring. Welchen?“

„Meinen Ehering.“

„Ihren Ehering, aha …! Und warum glauben Sie, dass er hier in diesem Haus ist?“

Keine Antwort.

„Nun gut. Wie sieht er denn aus?“

„Er ist aus Bronze.“

„Hat er einen Stein?“

Eleonore sah Doris irritiert an.

„Okay, also nicht. Hat er eine Gravur?“

„Er hat zwei Einkerbungen. Eine für meinen Gemahl und eine für mich. Der Schmied meinte, das würde uns Glück bringen …!“

Eleonore begann erneut zu weinen und verdeckte mit beiden Händen ihr Gesicht.

Doris bekam trotz aller Angst Mitleid mit ihr. Wer war sie nur? War sie real oder ein Traumgebilde? Ein Geist?

„Eleonore, wie lange sind Sie schon verheiratet?“

Die Frau sah sie entsetzt an. „Nicht einen einzigen Tag. Wir konnten nie heiraten und daran bin nur ich schuld. Hätte ich meinen Ring nicht …!“

„Wie lange suchen Sie denn schon nach ihm?“

„Wie lange? Keine Ahnung … Tage, Wochen,

Jahre, eine Ewigkeit. Zeit ist für uns relativ.“

Doris lief es eiskalt den Rücken hinunter. „Für uns?“

„Für uns – die wir nicht mehr auf dieser Erde wandeln sollten“, ergänzte sie.

Doris begann zu stottern. „Sie meinen also damit, dass … dass … Sie tot sind?“

„Ja, natürlich. Sie etwa nicht?“

Eleonore antwortete mit einer Selbstverständlichkeit, die Doris fast daran glauben ließ, dass die Braut recht haben könnte.
Eleonore schien den verdutzten Gesichtsausdruck von Doris zu bemerken. „Sagen Sie bloß, Sie sind gar nicht tot? Aber wieso können Sie mich dann sehen? Und wieso können Sie mich hören?"
„Ich weiß es nicht, ich … Erzählen Sie mir, was Ihnen zugestoßen ist", flüsterte Doris heiser.
Eleonore setzte sich auf. „Mein zukünftiger Gemahl, der Johannes, wollte mich heiraten. Er hatte genügend Geld gespart, um das Eh'häusl erwerben zu können. Doch dann wurde er auf dem Weg dorthin überfallen und ausgeraubt."
Eleonores Stimme kam ins Stocken. „Ich … war

so jung und dumm … Ein paar Tage danach ging ich zum Eh'häusl und warf vor lauter Wut den Ring nach oben gegen die Hausmauer. Ein Fenster stand offen und … was soll ich sagen … er fiel hinein." Sie wischte sich Tränen von den Wangen. „Da mir niemand öffnete, lief ich zu Johannes und erzählte ihm davon. Das war ein Fehler. Er war so enttäuscht von mir, weil ich meinen Ring weggeworfen hatte, dass er sich abends sinnlos beim Wirt betrank. In derselben Nacht fiel er betrunken in die Vils. Das damalige Hochwasser tat seinen Rest. Aus dem sonst so ruhigen Wasser wurde ein reißender Fluss und der wurde Johannes zum Verhängnis. Er ertrank."

Mitfühlend sah Doris die Braut an. „Das tut mir sehr leid, Eleonore!"

„Ich bin schuld, dass er gestorben ist. Ich ganz allein!"

„Aber das ist doch nicht wahr. Es war ein Unglück – ein schreckliches Unglück." Zögerlich fragte Doris weiter: „Wie bist du zu Tode gekommen?"

„Als ich von Johannes Tod erfuhr, ging ich nach Hause, zog mein Hochzeitsgewand an und sprang ihm nach. Es war ganz einfach. Ich dachte, dass wir dann endlich wieder vereint wären, aber dann …!"

„Was, dann?"

„Jetzt muss ich bis in alle Ewigkeit nach meinem Ring suchen. Erst wenn ich ihn gefunden habe, werden wir beide wieder vereint sein."

„Eleonore, in welchem Jahr ist das alles geschehen?"

„Im Jahr 1742."

„Du lieber Himmel. Und du hast ihn immer noch nicht gefunden?"

„Nein!"

„Ich will dir ja nicht deine Hoffnung nehmen, aber wenn der Ring hier noch irgendwo herumliegen würde, dann hätte ihn bestimmt schon irgendjemand gefunden."

„Ich weiß, es ist zwecklos. Ich werde ihn nie finden!" Eleonore schluchzte, sank wieder zu Boden, als ob sie sich nie mit Doris unterhalten hätte, und suchte erneut den Boden mit den Händen ab. Doris sah sie traurig an. Sie wusste nicht, warum, aber sie hatte keinerlei Angstgefühle mehr. Es schien nach nur wenigen Minuten ganz normal zu sein, sich mit einem Geist zu unterhalten. Irgendwie glaubte Doris immer noch daran zu träumen. Sicher würde sie jeden Moment aufwachen und all das würde sich ganz einfach aufklären. Im Innersten hoffte sie allerdings, dass es wahr wäre, denn wenn es Geister wie Eleonore geben würde, wäre ein Wiedersehen mit ihrem Paul gewiss. Der Gedanke schenkte ihr Hoffnung.

„Eleonore? Darf ich dich mal etwas fragen?

Eleonore reagierte nicht, doch Doris stellte ihre Frage dennoch. „Gibt es ein Wiedersehen nach dem Tod?"

Die Braut drehte sich zu ihr um. „Ist dein Gemahl auch gestorben?"

Doris nickte.

„Hast du ihm etwas Schlimmes getan, bevor er starb?"

Doris schüttelte den Kopf.

Eleonore zeigte auf den Ehering an Doris Finger. „Natürlich nicht, du hast deinen Ring ja noch!"

„Beantworte bitte meine Frage."

„Selbstverständlich gibt es ein Wiedersehen. Zumindest dann, wenn du nicht den Tod deines

»… Irgendwie glaubte Doris immer noch daran zu träumen …«

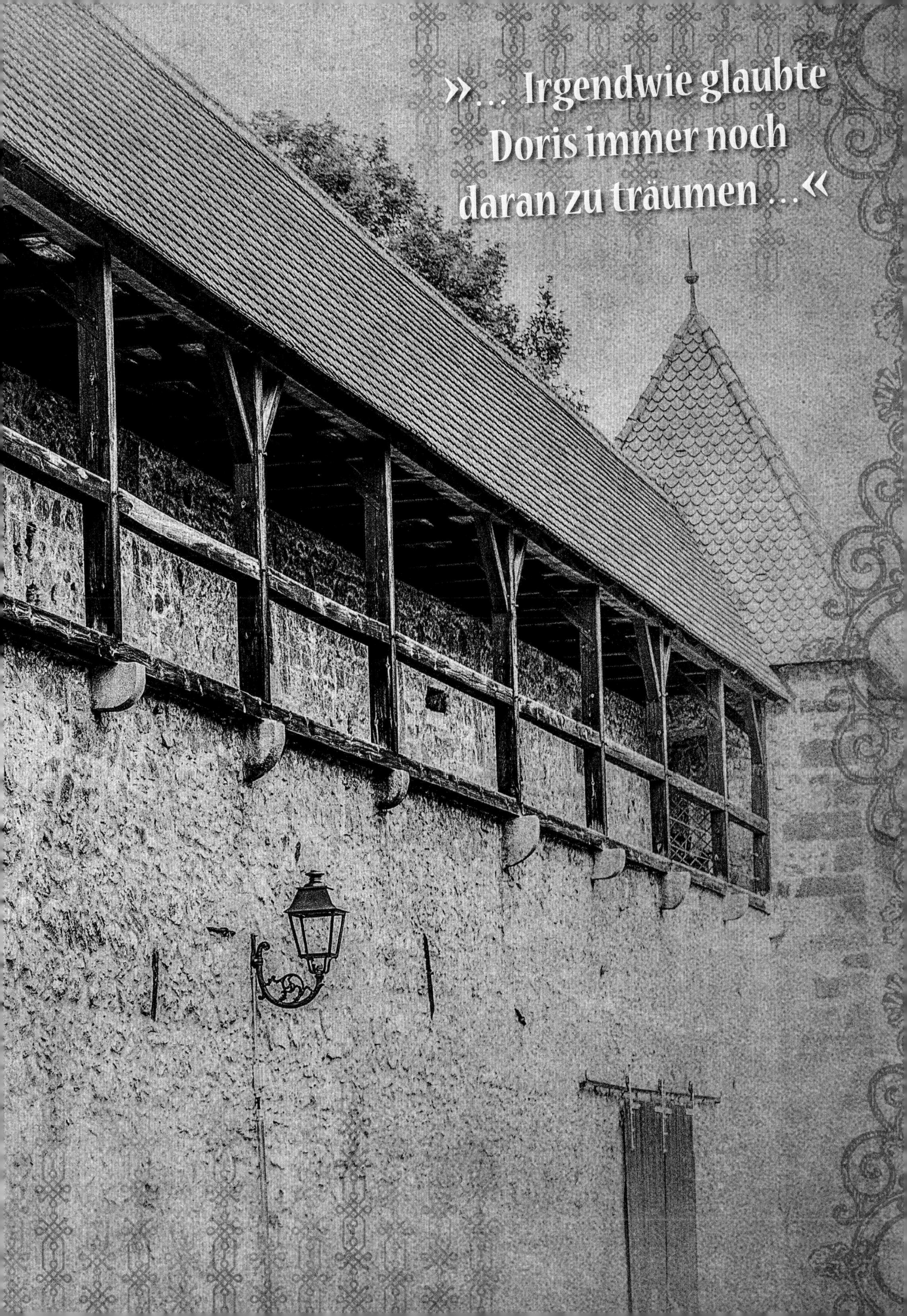

Geliebten verursacht hast. Egal ob direkt oder indirekt."
Doris war erleichtert. Sie wollte ihr glauben. Gedankenverloren drehte sie ihren Ehering am Finger. Plötzlich kam ihr eine Idee.
„Warum bist du eigentlich der Meinung, dass es dein Ring sein muss, den du findest sollst? Vielleicht würde es ja ausreichen, wenn du einen Ring zu deiner Vermählung geschenkt bekommst."
„Wer sollte mir denn aus freien Stücken einen Ring schenken?"
„Ich!"
Doris streifte ihren Ehering vom Finger.
„Du? Aber das ist doch dein Ehering?"
„Na und? Mein Mann und ich, wir gehören auch ohne Ring zusammen, und außerdem waren wir ja bereits verheiratet!" Langsam kam Eleonore auf Doris zu. Ein Hauch von Ewigkeit umhüllte ihren Körper. Liebevoll

blickte sie Doris an. „Das würdest du für mich tun?“
„Natürlich, doch nur unter einer Bedingung.“
„Was immer du möchtest!“
„Erzähle meinem Paul nichts davon, denn das möchte ich ihm selbst erzählen, wenn wir uns wiedersehen.“
Eleonore nickte zustimmend.
Doris nahm Eleonores Hand und legte ihr den Ring in die offene Handfläche. Als Eleonore

sich ihn an ihren Ringfinger steckte, erstrahlte ihr Körper in einem schneeweißen Licht. Lächelnd sah sie Doris noch einmal in die Augen, bevor sie gänzlich in dem immer greller werdenden Lichtschein verschwand. Das Licht wurde kleiner und kleiner, und kurz bevor nur noch ein leichtes Aufglimmen im Raum zu sehen war, sank Doris in einen tiefen Schlaf.
Am nächsten Morgen erwachte Doris im Schlafzimmerbett. Es duftete nach frisch aufgebrühtem Kaffee. Die Hausdame des Hotels hatte wohl bereits in einer der unteren Etagen das Frühstück aufgetischt. Wie in Trance ging Doris die Treppe hinunter. Die Hausdame begrüßte sie freundlich.
„Guten Morgen, Frau Dobler, haben Sie gut geschlafen?“
„Ja, eigentlich schon. Obwohl ich einmal wach wurde …“
Die Hausdame sah sie nachdenklich an. „Haben irgendwelche Geräusche Ihre Nachtruhe gestört?“
„Geräusche?“ Doris blickte auf ihren Ringfinger. Ihr Ehering fehlte.
Die Frau sprach weiter. „Wissen Sie, manchmal erzählen mir die Gäste, dass sie eine Art Heulen im Haus hören. Aber wahrscheinlich kommt das von den alten Leitungen oder so!“
Doris streifte mit ihrer Hand über die leere Stelle an ihrem Finger.
„Ehrlich gesagt bin ich mir ganz sicher, dass sich zukünftig niemand mehr darüber beschweren wird!“, antwortete sie lächelnd.
„Wirklich? Aber wie wollen Sie da so sicher sein?“
„Sagen wir mal so: Das ist so sicher, wie das Hochwasser 1742 hier ein paar Leben gekostet hat!“
„Wie Sie meinen, Frau Dobler. Wie Sie meinen!“
Irritiert wünschte die Hausdame ihr einen guten Appetit und verließ das Hotel.
Kurze Zeit später musste Doris schweren Herzens Liebgewonnenes zurücklassen – Eleonore, das Eh’häusl und die schöne Stadt Amberg. Doch eins war sicher – wenn sie Paul wiedersah, hatte sie ihm eine Menge zu erzählen!

Kallmünz

Der doppelte Charly

Lauwarmer Sommerwind wehte durch mein Geäst und streichelte zärtlich meine Blätter. Bereits eine gute Stunde vor Sonnenaufgang weckte mich, wie jeden Tag, ein einzigartiges Vogelstimmenkonzert. Nicht jeder Vogel stimmte um diese Zeit mit ein, doch unser Frühaufsteher Charly war immer einer der Ersten unter ihnen. Mit zunehmender Helligkeit gesellten sich seine gefiederten Freunde hinzu und spätestens bei Sonnenaufgang war der Vogelchor komplett.
An diesem Morgen hüpfte mein Freund Charly, die Amsel, von einem Astende meinem Stamm entgegen und pickte Insekten aus der Rinde.
„Was bin ich doch froh, dass du bereits so tiefe Furchen hast!", lachte er hämisch.
„Sehr schmeichelnd – wirklich sehr schmeichelnd!", raunte ich ihm entgegen.
„Na hör mal, in deinem Alter sollte man nicht mehr so empfindlich sein. Ganze Generationen meiner Familie hast du bereits überlebt. Da sollte dich dein Aussehen nicht mehr belasten."
„Es belastet mich ja auch nicht. Mich ärgert nur, dass du mir mein Alter immer wieder unter die Nase reibst!"
„Du bist ein Baum. Bäume haben keine Nasen!"
„Und Amseln können gewöhnlich auch nicht sprechen, oder?"
„Normale Amseln unterhalten sich erst gar nicht mit alten Bäumen."
„Du musst dich ja nicht mit mir unterhalten. Wer sagt überhaupt, dass ich das will? Außerdem hätte ich heute gern mal ausgeschlafen. Aber du musst ja immer so früh herumträllern."
„Ach, papperlapapp, du alte Pappel. Sei froh, dass ich es tu!"
Wütend versuchte ich Charly von meinem Ast zu schütteln, doch der Wind, der durch meine Äste fuhr, unterstützte mich nicht stark genug.
„Versuchs erst gar nicht, sonst sing ich heute die ganze Nacht durch – ich schwör's!"
„Das wagst du nicht!"
„Und ob, du … du …!"
„Du darfst mich ruhig Perle des Naabtals nennen!", erklärte ich mit hochgezogenem Baumwipfel.
„Wie soll ich dich nennen? Ich glaube, du hast zu lang neben der Vils gestanden, was? Perle des Naabtals – dass ich nicht lache!"
„So hat er mich immerhin benannt!" Mit ihm meinte ich natürlich Professor Charles Johann Palmié. Den wohl bekanntesten Maler, der je Bäume in Kallmünz gepflanzt hat und mir somit scheinbar ewiges Leben einhauchte. Palmié entschied sich vor langer Zeit, unseren Ort zu verschönern, und um dies zu finanzieren, ließ er Kunstpostkarten drucken. Postkarten, von deren Erlös schließlich auch ich gepflanzt wurde. Seitdem stehe ich hier neben der ruhig gelegenen Gessendorfer Straße, direkt am schönen Vilsufer mit Blick auf das malerische Kallmünz. Und das nun schon seit 116 Jahren. Was kann man als Baum mehr vom Leben erwarten, frage ich Sie?

Charly, der wohl bemerkte, dass ich mich gerade in Selbstzufriedenheit badete, hüpfte aufgeregt auf einem meiner Äste hin und her.
„Er hat unseren schönen Ort Kallmünz so benannt und nicht dich!"
„Ach, was weißt du schon davon. Erstens warst du zu dieser Zeit noch gar nicht auf der Welt, und zweitens saß der Professor unter meinen Ästen, lehnte an meinem Stamm und seufzte zu mir: ‚Oh, du Perle des Naabtals'!"
„So ein Quatsch. Erstens warst du zu Lebzeiten Charles Palmiés gerade mal ein Bäumchen, und zweitens: Wenn er wirklich mit dem Rücken an deinem Stamm gelehnt hat, blickte er dabei bestimmt nicht auf dich, sondern auf Kallmünz, während er seufzte."
Diese kleine, freche Amsel kam eindeutig zu viel herum. Charly musste bei einem seiner Rundflüge herausbekommen haben, dass ich gerade mal zehn Jahre alt war, als Palmié starb. So ein widerliches kleines Federvieh!
„Auf jeden Fall bin ich eine wahre Sehenswürdigkeit hier im Ort, was man von dir nicht gerade behaupten kann. Denn gewöhnliche Amseln gibt es hier zur Genüge und singen kannst du übrigens auch nicht!"

„Du bezeichnest dich als sehenswert? Jetzt bist du wohl vollkommen größenwahnsinnig! Ich sag dir mal, was an unserem Ort so bezeichnet werden darf. Die imposante Burgruine zum Beispiel, die hoch oben auf dem Schlossberg thront und bewundernde Blicke auf sich zieht, und von der aus man auch noch eine fantastische Aussicht über den Mündungswinkel zwischen Vils und Naab hat. Aber verzeih, die kannst du von diesem einem Standpunkt aus natürlich nicht genießen."

Langsam reichte es mir. Ständig musste Charly das letzte Wort haben. Außerdem spürte ich diesen stechenden Schmerz in meinem oberen Stamm, der mich schon seit Jahren immer wieder quälte.

„Immerhin – ich bin über hundert Jahre alt, dreißig Meter hoch und habe einen Umfang von mehr als sieben Metern. Du kannst es drehen wie du willst, übersehen kann mich jedenfalls niemand!"

Charly plusterte sein Gefieder auf und rupfte angeberisch darin herum. Selbstverständlich war mir klar, dass jeder Mensch, der die engen mittelalterlichen Gassen mit ihren wildromantischen Brücken und den fröhlich bunten Häusern von Kallmünz durchschritt, dem Charme des Ortes schnell verfiel, doch nach all der Zeit gehörte auch ich zu den erwähnenswerten Besonderheiten dieser Gegend. Auch wenn ich nicht so kurios bin wie das Haus ohne Dach und nicht mitten in einen Dolomitfelsen hineingewachsen, bewundernswert bin ich auf alle Fälle. Wie oft lauschte ich schon den Gesprächen der Spaziergänger oder Kanufahrer. Dabei erfuhr ich viel über Kallmünz, seine Umgebung und die Menschen, dort lebten. So weiß ich zum Beispiel von vielen Terrassen und idyllischen Innenhöfen, die an Italien erinnern sollen, und von unzähligen Galerien und Künstlern, die das kulturelle Leben in diesem Ort bereichern. Auch bekomme ich ein wenig von den alljährlichen Festivitäten mit. Egal ob Kirchweihfeiern, Theatertage, Brückenfeste, Oldtimertreffen oder Sportveranstaltungen – hier in Kallmünz ist einfach immer etwas los.

Mein Amselfreund unterbrach meine Gedanken. „Vielleicht hast du ja wenigstens noch eine besondere Fähigkeit! Überleg' doch mal ..."

„Hmm ... Na, vielleicht bin ich ja etwas Besonderes, weil ich von einer eigenartigen Begegnung berichten kann!" Stolz blickte ich hinauf in den Himmel.

„So, so ... Eigenartiges willst du also erlebt haben?" Charly wurde stutzig.

„Und ob! Wahrhaft Unheimliches, ja gar Unerklärbares habe ich gesehen. Und ich glaube, dass es genau das ist, was mich zu etwas Einzigartigem macht."

Neugierig hüpfte Charly ins dichtere Geäst.

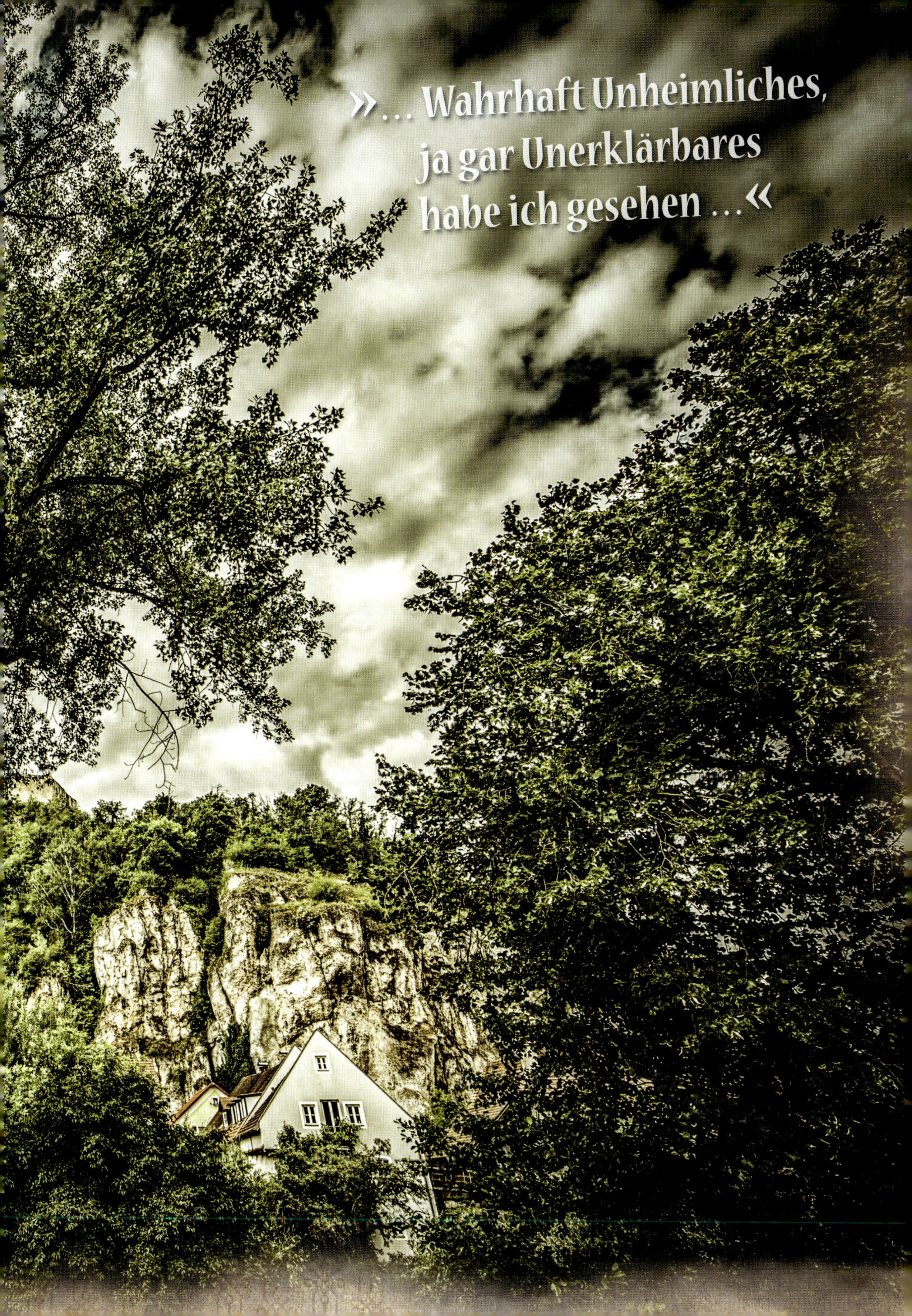
»… Wahrhaft Unheimliches,
ja gar Unerklärbares
habe ich gesehen …«

„Jetzt bin ich aber gespannt. Was solltest du hier, an ein und derselben Stelle, schon Erwähnenswertes erlebt haben?" Er rieb seinen Schnabel an meiner Rinde. „Na los, lass hören!"
„Nun gut, es ist schon ein paar Jahre her, es war, genauer gesagt, noch vor deiner Zeit. Da gab es einen Gleitschirmflieger, der Woche für Woche in unseren Lüften seine Kreise zog. Anmutig wie ein Adler startete er seinen Flug vom Burgberg hinab ins Tal. Eigentlich war es immer das gleiche Prozedere. Aufstieg, Absprung, Kreisen und Landen. Bis zu dem einen besagten Tag, als ..."
Charly legte seinen Kopf neugierig in Schräglage. „Als was?"
„Als ihn bei seinem Flug wohl eine Windböe erwischte. Er kam ins Taumeln und schrie um Hilfe, doch niemand hörte ihn. Niemand außer mir natürlich, doch ich konnte ihm, aus bekannten Gründen, leider auch nicht helfen. Jedenfalls raste er nach Bruchteilen von Sekunden ungebremst auf meine Baumkrone zu,

durchfegte mein Geäst und schlug frontal mit seinem Gesicht auf meinem Baumstamm auf."
„Um Himmels Willen!", kreischte Charly, der gebannt an meinen Lippen hing.
Um dem Ganzen noch ein wenig mehr Dramatik zu verleihen, fügte ich hinzu: „Das war kein schöner Anblick, das kannst du mir glauben!"
Charly schluckte. „Und dann? Hat er das überlebt?"
„Tja, das ist es ja. Nein, also ja … ich meine … Da bin ich mir eben nicht ganz sicher!"

„Wie bitte? Wie kann man sich da nicht ganz sicher sein?"
„Wie soll ich das erklären? Er hing zumindest mehrere Stunden leblos in meinen Ästen. Niemand hatte das Unglück mitbekommen und kein Mensch suchte nach ihm. Es war schrecklich. Schließlich wurde es dunkel und ich geriet langsam in Panik, denn ich wollte auf gar keinen Fall die Nacht mit einer Leiche in meinen Ästen verbringen. Du verstehst?"
Charly nickte wortlos.
„Doch dann, gerade in dem Moment, als die Sonne unterging, geschah etwas Eigenartiges. Der Körper des Mannes, der sicher gut achtzig Kilogramm wog und meine Äste ganz schön strapazierte, wurde auf einmal federleicht. Verwundert blickte ich nach oben und bemerkte, wie die Körperumrisse des Mannes ein heller Schimmer umgab."
Ich blickte Charly eindringlich an, dem der Schnabel vor Staunen offen stand.
„Dieses Licht war nicht von dieser Welt, das kannst du mir glauben!"
„Und dann? Was passierte dann?" Gespannt kam Charly näher.
„Dann wurde es wirklich unheimlich. Der Mann gähnte und streckte sich, als ob er nur geschlafen hätte. Schließlich erhob er sich und stellte sich aufrecht auf einen Ast! Er schien keinerlei Gewicht mehr zu haben. Starr vor Angst beobachtete ich, wie er plötzlich seine Arme weit ausbreitete und sie auf und ab bewegte wie ein Vogel. Seine Armbewegungen wurden schneller und schneller, und ehe ich mich versah, hob er ab und glitt anmutig in die Lüfte. Leicht wie eine Feder flog er zurück zur Kallmünzer Burg und verschwand in der Dämmerung."
Beeindruckt blickte Charly hinauf zur Burg. „Du bindest mir doch gerade einen Bären auf, oder?"
Ich schüttelte den Kopf. „Nein, mein Freund. Es ist wirklich so geschehen. Doch warte – es ging ja noch weiter!"
Mein gefiederter Freund sah mich überrascht an. „Kam er wieder zurück?"
„Nein!", lachte ich.

»… Verwundert blickte ich nach
oben und bemerkte, wie die
Körperumrisse des Mannes ein
heller Schimmer umgab …«

„Aber als ich am nächsten Morgen erwachte, glaubte ich, alles geträumt zu haben. Ich wollte gerade meine müden Blätter ausschütteln, als ein Auto des Technischen Hilfswerks die Straße entlangfuhr. Zwei Männer stiegen aus und deuteten aufgeregt in meine Baumkrone. Plötzlich bemerkte ich ein lautes Rascheln. So, als ob der Wind kräftig in ein Segel blasen würde. Ich sah nach oben. Der Gleitschirm des verunglückten Mannes vom Abend zuvor hatte sich in meiner Baumkrone verfangen."

„Du hattest also doch nicht geträumt?"

„Nein, ganz und gar nicht. Als eine Böe den Schirm etwas anhob, sah ich, dass der Mann auf einmal wieder darunterlag. In gleicher Lage wie am Tag zuvor. Kannst du dir vorstellen, wie ich mich erschrocken habe?"

„Du meine Güte! Aber warum hast du ihn dann am Vortag fliegen sehen?"

„Das weiß ich bis heute nicht, aber ich bin mir sicher, dass ich mir das nicht eingebildet habe. Je länger ich die letzten Jahre darüber nachgedacht habe, desto sicherer bin ich mir, dass in dieser besagten Nacht seine Seele davongeflogen ist."

„Was geschah dann mit der Leiche?"

„Die Leute von THW haben ihn samt seinem Gleitschirm geborgen. Ich war froh, als ich die Last endlich loswurde. Sie kamen dafür extra mit einem Feuerwehrauto mit Drehleiter und fuhrwerkten ewig lange in meinem Geäst herum. Selbst als der Arme endlich geborgen war, drehten sie nochmal jedes einzelne Blatt von mir um!"

„Warum das denn?"

„Sie suchten seine Ausweispapiere oder irgendetwas, womit sie ihn schneller identifizieren konnten. Gefunden haben sie jedoch nichts. Nur ein Aufkleber auf seinem Helm verriet zumindest, dass er wohl genauso hieß wie du."

„Echt jetzt? Genauso wie ich? Nicht Karl? Das gibt's doch gar nicht!"

„Wenn ich es dir doch sage! Ein gehöriger Zufall, was? Ich scheine die Charles und Charlys anzuziehen!", lachte ich.

Mein Amselfreund war jetzt damit beschäftigt, in den oberen Ästen nach Blattläusen zu suchen.

„Weißt du …“, rief er zu mir herunter. „Du kannst echt gut Geschichten erzählen. Je länger ich dir zugehört habe, desto mehr war ich der Meinung, diese Ereignisse selbst erlebt zu haben.“
Mir gefiel es, dass Charly mir schmeichelte. Wir kannten uns nun schon eine ganze Weile, aber mit Nettigkeiten hatte er mich bisher immer verschont.
„Wenn ich raten dürfte, würde ich sagen, dass er genau hier auf diesem Ast gesessen hat, bevor er hinauf zur Burg flog. Stimmt's?“
Ich war erstaunt. „Das ist ja irre – du hast vollkommen recht!“
Charly freute sich. „Und ungefähr hier …“, er deutete auf den oberen Teil meines Stamms, „hier ist er mit dem Kopf …!“
Charly verstummte.
„Was ist? Rede weiter … du liegst genau richtig!“, spornte ich ihn an.
„Hier steckt was in der Rinde!“
„Was?“
„Oh Mann, ich glaube, das steckt dort schon länger fest. Es ist sogar eingewachsen!“
„Oh nein. Was ist es denn? Jetzt weiß ich wenigstens, warum ich dort immer so einen stechenden Schmerz verspüre!“
„Sieht aus wie eine Kreditkarte oder so. Warte, ich versuch es herauszuziehen!“
„Gute Idee, mein Freund. Mach vorsichtig!“
Charly tat alles, was in seiner Macht stand, doch diese Karte ließ sich nicht so einfach entfernen. Erst als er mehrmals mit seinem spitzen Schnabel ein paar Rindenecken herauspickte, konnte er die Karte herausziehen. Er klemmte sie in seinen Schnabel und hüpfte damit etwas schwerfällig zu mir herab. Als er sie mir vor die Holzaugen hielt, konnte ich kaum glauben, was ich sah.
„Stell dir vor, Charly, das ist der Ausweis von dem verunglückten Gleitschirmflieger, nach dem sie damals so lange gesucht hatten. Ich erkenne ihn sofort auf dem Passfoto. Und sein Name steht auch darauf. Sieh nur: Charles Merle.“
„Also doch Charles!“
„Na ja, Charles kann man ja auch mit Charly abkürzen.“

„Finde ich nicht!“
„Finde ich schon.“
„Aber ich nicht ...“ Charly, der wie immer das letzte Wort haben musste, klemmte den Ausweis in eine meiner Astgabeln, sprang mit einem Satz zum Astende vor und flog hinab zum Vilsufer. Als ich ihm nachsah, fiel mir ein leichter Schimmer auf, der ihn umgab. Zuerst dachte ich, dass es auf die Spiegelung des klaren Vilswassers zurückzuführen sei, doch dann sah ich genauer hin. Es sah aus, als glitzerte sein ganzes Gefieder, wie der Perlmuttglanz einer Muschel. Mit jedem Flügelschlag verstärkte sich der Schimmer. Ich musste an den verunglückten Mann denken. Genau derselbe Schein hatte auch seinen Körper damals umgeben. Vorsichtig schielte ich hinüber zu dem Ausweis und starrte auf den Namen. Irgendetwas kam mir daran eigenartig vor. Schlagartig fiel es mir wie Schuppen von den Augen.
„Du meine Güte, *Merle* heißt auf Französisch: *Amsel*. Charles Merle – Charly Amsel. Mit stotternder Stimme rief ich Charly nach: „Sag mal – glaubst du eigentlich an Reinkarnation?“
Mein Amselfreund drehte sich im Flug zu mir um.
„An so was wie Wiedergeburt? Klar, warum nicht?“
„Stell dir vor, du könntest es dir aussuchen – welches Lebewesen würdest du in deinem nächsten Leben sein wollen?“
„Auf jeden Fall keins ohne Flügel, denn wenn ich nicht frei durch die Lüfte gleiten könnte, würde ich es eindeutig vorziehen, tot zu bleiben!“
Anmutig hob er seine schwarzen Flügel an und bewegte sie grazil auf und ab, bis er vom Ufer der Vils hinauf zur Burgruine flog. Als ich ihm nachsah, zog er einen schimmernden Lichtschein hinter sich her, ähnlich dem Kondensstreifen eines Flugzeugs.
Fasziniert sah ich ihm nach. „Du brauchst sicher nie wieder so etwas wie einen Gleitschirm, Monsieur *Merle*!“

Neumarkt

Schicksals-Blickwinkel

Es ist bei mir so wie bei jedem anderen Menschen auch. Jeder von uns hat ihn – diesen einen, ganz bestimmten Traum. Einen, den man nicht vergessen kann. Für manche ist es ein abscheulicher Albtraum und für die Glücklicheren unter uns eine Art Wunschtraum. Mein Traum gehörte definitiv zur letzteren Sorte. Seit ich ein kleiner Junge war, wünschte ich mir nichts sehnlicher, als später mal eine eigene Familie zu gründen und ein Haus zu bauen. Und wenn ich es mir recht überlege, wurde der Grundstein zu meiner Wunscherfüllung bereits an meinem sechsten Geburtstag gelegt. Alles begann mit dem Geburtstagsgeschenk, das mir mein Großvater damals machte. Ich erinnere mich noch genau daran, wie er mir feierlich ein schmales Päckchen samt Papierumhüllung übergab. Behutsam öffnete ich die längliche Schachtel und nahm den darin liegenden, rohrähnlichen Gegenstand heraus. Nie im Leben hätte ich damals daran gedacht, dass dieses Geschenk so viel Einfluss auf meine Zukunft haben würde.

„Du musst hindurchsehen!", sagte mein Großvater ungeduldig.

Zögernd hob ich das Röhrchen ans Auge und tat, was er von mir verlangte.

„Und jetzt drehen!"

Vor meinem Auge entstanden wundervolle Ornamente und Muster. Sie leuchteten in den allerschönsten Farben und kreierten die einzigartigsten Bilder, die man sich nur vorstellen kann. Wie oft ich auch drehte und das Bild veränderte, keines glich auch nur im Entferntesten dem anderen. Es war wie Magie.

„Man nennt es Kaleidoskop!"

Ich wusste, dass mein Großvater eine Reaktion von mir erwartete, doch ich konnte nur beeindruckt wiederholen, was er sagte. „Kaleidoskop ..."

„Gefällt es dir?"

Ich nickte begeistert, ohne es abzusetzen.

„Weißt du, Michel ... das Herzstück eines jeden Kaleidoskops ist ein Spiegelprisma, vor dem unzählige bunte Glasstücke in eine immer wieder neue Position fallen. Dadurch entstehen diese wunderschönen Bilder. Und demjenigen, der hindurchsieht, präsentiert es ständig wechselnde Kunstwerke. Faszinierend, nicht wahr?"

Aufmerksam hörte ich meinem Großvater zu und hob das Kaleidoskop hoch, sodass es ins strahlende Sonnenlicht des Herbsthimmels zielte. Durch das Licht offenbarten die Glassteinchen ihre vollkommene Schönheit. Es war wie ein magisches Auge. Was für eine Pracht! Was für eine Wunderröhre!

„Jetzt hast du immer eine schöne Erinnerung an mich. Bewahre es gut auf und sei gewiss, dass ich immer bei dir sein werde, wenn du hindurchsiehst."

Mein Großvater, der bemerkte, wie fasziniert ich von seinem Geschenk war, klopfte mir zufrieden auf die Schulter.

„Sieh nur weiter hindurch, mein Junge. Lass dich nicht von mir ablenken. Lass dich lieber von deinem Geschenk verzaubern."

Stadt Neumarkt und Goldhut-Denkmal, Ezelsdorf-Buch

Nur wenige Monate danach starb mein Opa. Erst später erfuhr ich, dass er bereits an meinem Geburtstag wusste, dass ihm nicht mehr viel Zeit bleiben würde. Meine Mutter erzählte mir, dass er dieses Kaleidoskop nie zuvor aus den Händen gegeben hatte. Er hatte es von seinem Großvater geerbt und dieser wiederum von seinem. Über Generationen war es also schon in unserem Familienbesitz, und ich nahm mir fest vor, dass dies auch künftig so bleiben sollte.

Jetzt, viele Jahre später, war ich froh, mein Kaleidoskop unversehrt aus dem Umzugskarton nehmen zu können. Stolz sah ich hinüber zu meiner schwangeren Frau, die gerade erschöpft auf einer anderen Kiste saß.

Sie lächelte. „Es ist schon noch heil!"

Cora lag wie immer richtig mit der Einschätzung meiner Gedanken. Als ich ihr offerierte, dass ich nach Neumarkt umziehen wollte, hatte sie mich nicht davon abgehalten. Sicher, etwas erstaunt war sie schon, dass ich den Umzug nur mit einer – wie sie meinte – *Erscheinung* rechtfertigte, aber sie sagte dennoch zu. Diese sogenannte *Erscheinung* traf mich, als ich in Neumarkt an einer Tagung teilnahm. Damals schlenderte ich in einer freien Minute durch die Stadt und hatte mich nicht nur sofort in sie verliebt, sondern auch einen wahrhaft magischen Moment erlebt. Wie immer, wenn ich für längere Zeit von zu Hause weg war, hatte ich mein Kaleidoskop dabei. Gerade in stressigen Situationen, die mein Job manchmal so mit sich brachte, beruhigte mich der Blick hindurch. In Sekundenschnelle normalisierte sich mein Gemütszustand. So auch an diesem besagten Tag. Bei schönstem Wetter stand ich direkt vor dem Rathaus und peilte, wie so oft zuvor, den Himmel mit meinem Kaleidoskop an. Ich drehte ein paar Mal, bis etwas Merkwürdiges geschah. Die Glasperlen formierten sich anders als je zuvor. Sie bewegten sich plötzlich von allein kreuz und quer zueinander. Bis sie kurze Zeit später zum Stehen kamen. Was sich dann meinem Auge bot, war nicht von dieser Welt. Das Antlitz meines Großvaters lächelte mir sanft entgegen. Ich erschrak so sehr, dass ich das Kaleidoskop verriss und die Glassteinchen wieder auseinanderfielen. Wieder und wieder schaute ich hindurch und versuchte, Großvaters Bild noch einmal zu sehen, aber vergebens. Letztendlich bewegte mich dieses Ereignis, von Oberbayern nach Neumarkt in die Oberpfalz zu ziehen. Irgendetwas in mir glaubte ganz fest daran, dass mir mein Großvater nicht ohne Grund in dieser Stadt erschienen war. Das war ein Omen – ein Wegweiser für ein besseres Leben. Daran hatte ich keinen Zweifel.

Kurzerhand suchte ich uns eine kleine Wohnung am Stadtrand und versprach meiner Frau, dass es nur für kurze Dauer sein würde. Hier in unserer neuen Heimat plante ich, uns später das Haus unserer Träume zu bauen. Auch wenn ich mir vorläufig nur einen Baugrund leisten konnte – ich hatte zumindest ein Ziel. Nachdem wir uns etwas eingelebt hatten, begab ich mich auf Grundstücksuche. Meine neue Bank hatte eine hervorragende Immobilienabteilung und konnte meinem Budget entsprechend schnell ein paar interessante Besichtigungstermine ausmachen. Ausgerüstet mit meinem Kaleidoskop betrat ich Grundstück für Grundstück, hielt es hinauf zum Himmel und sah jedes Mal erwartungsvoll hindurch, doch nichts geschah. Die freundliche Maklerin lächelte mich dabei meist mitleidig an und versuchte, mir zumindest nicht vollends das Gefühl zu geben verrückt zu sein. Fast hätte ich schon aufgegeben, als wir an einem wunderschönen Grundstück ankamen. Es lag im Stadtteil Woffenbach am Westrand der Stadt Neumarkt. Das Stück Land war eben, unbepflanzt und ließ genügend Platz, um den späteren Nachbarn nicht direkt von der Terrasse auf den Grill starren zu müssen. Ich ließ mir von der Maklerin erklären, dass Woffenbach über einen eigenen Kindergarten und eine Grundschule verfügte. Und für die alltäglichen Besorgungen fand sich ebenfalls alles gleich um die Ecke. Auch die Buslinie unweit von dem Grundstück erfreute mich sehr. Immerhin konnten wir uns auf keinen Fall einen Zweitwagen leisten, und wenn erst unser Kind da war, wäre eine Busverbindung für Arztgänge oder dergleichen siche

"BORDERLESS BUILDINGS"

von Vorteil. Die Maklerin konnte mir meine Begeisterung an den Augen ablesen. Erst als ich wieder mein Kaleidoskop herauszog, entglitten ihr die Gesichtszüge.
„Meinen Sie wirklich, dass Sie das Ding brauchen, um eine Entscheidung zu treffen? Dieses Grundstück ist wie geschaffen für Ihre Familie. Etwas Besseres und vor allem Günstigeres werden Sie so schnell nicht finden. Glauben Sie mir!"
Ich glaubte ihr ja, jedoch hatte mich mein Kaleidoskop bis hierher gebracht und ich war sicher, es würde eine weise Entscheidung fällen. Also zuckte ich nur unschuldig mit den Achseln und hielt mein magisches Rohr gen Himmel.
Vorsichtig begann ich daran zu drehen. Mit zittrigen Fingern umklammerte ich es fest und vor meinem Auge entstanden die unglaublichsten Bilder. Diesmal erschienen sie mir bizarr und abstrakt, als ob mir jemand kurz zuvor Drogen verabreicht hätte. Psychedelische Muster. Ich hatte längst aufgehört daran zu drehen, doch es entstanden unaufhörlich neue Bilder. Mein Puls raste. Es war grandios hindurchzuschauen. Alles, was mich umgab, wurde reflektiert und in unzählige Dreiecke zerlegt, als ob man durch die Muster hindurch auch noch die echte Welt wahrnehmen konnte. Ich sah die Stadt Neumarkt aus der Vogelperspektive. Die Häuserdächer waren kreisrund angelegt und begannen sich zu drehen. In der Mitte befand sich die Altstadt. Ich blickte auf das spätgotische Rathaus und die imposante St.-Johannes-Kirche. Die beiden historischen Gebäude drehten sich in entgegengesetzter Richtung zu der restlichen Stadt. Mir wurde schwindlig. Plötzlich verlangsamten sich die Bewegungen und aus der Stadt wurde ein Haus – mein zukünftiges Haus. So, wie ich es mir immer erträumt hatte. Doch so schnell es sich auch vor meinem Auge aufbaute, verschwand es auch wieder in einem Meer aus funkelnden Glassteinchen. Wieder formatierten sie sich neu. Alle bunten Steinchen fielen an den Rand und schienen sich ehrfürchtig zu ducken. Danach sammelten sich alle goldfarbenen Teilchen in der Mitte. Schnell stiegen sie empor und liefen kegelförmig und spitz zusammen. Es erinnerte an eine sehr schmale Pyramide oder Ähnliches.
„Jetzt machen Sie es nicht so spannend!", scherzte die Maklerin neben mir und riss mich unsanft aus der Welt des Kaleidoskops.
Auch wenn ich gerade Unfassbares zu sehen bekam, zögerte ich noch mit einer Antwort und bat: „Einen kleinen Moment noch!"
Und dann geschah es. Das Bild aus den goldenen Glassteinchen fiel in sich zusammen und in Sekundenschnelle erschufen alle farbigen Teilchen zusammen das lächelnde Gesicht meines Großvaters. Mein Herz pochte mir vor Glück bis zum Hals. Nur schwer konnte ich mich von seinem Bild trennen. In Zeitlupe setzte ich das Kaleidoskop ab und sah der Maklerin in die Augen.
„Sie haben recht – etwas Besseres kann und möchte ich für meine Familie nicht finden. Ich kaufe es!"
Freudig klatschte sie in ihre Hände.
Die nächsten Tage vergingen wie im Flug. Meine Frau war ebenso von dem Grundstück begeistert wie ich und wir freuten uns auf unsere gemeinsame Zukunft. Schnell hatte ich mir noch einen Nebenjob in einer Tankstelle gesucht. So konnte ich wenigstens an den Wochenenden noch etwas Geld dazuverdienen, um unserem Traum schnellstmöglich näher zukommen. Wir besorgten nur noch das Notwendigste und sparten, wo es eben ging. Nur eines wollte ich mir schon leisten – einen Baum. Ich wollte unbedingt vor der Geburt meines Kindes einen Baum auf unserem Grundstück anpflanzen. Ganz so, wie es sich für einen anständigen Familienvater gehört. Daher legte ich eine Schaufel in den Kofferraum meines Autos, besorgte einen Apfelbaum bei einer nahegelegenen Gärtnerei, holte meine Frau aus unserer Wohnung ab und fuhr zu unserem Grundstück. Als Cora das Bäumchen und die Schaufel in meinen Händen sah, musste sie laut lachen.
„Kannst du denn so was überhaupt?"
Beherzt setzte ich die Schaufel am Boden an, stellte meinen rechten Fuß darauf und stach in die Erde. Mit hocherhobenem Haupt setzte ich ein zweites Mal an, stach in den Boden und stieß zu meinem Erstaunen auf etwas Metallenes.

»… Ich hatte längst aufgehört daran zu drehen, doch es entstanden unaufhörlich neue Bilder. Mein Puls raste …«

„Herrje, was hast du denn jetzt kaputt gemacht?", kicherte Cora.
„Keine Ahnung, bin wohl auf einen Schatz gestoßen!", scherzte ich.
Ich kniete mich auf die Erde und versuchte das Fundstück mit beiden Händen frei zu graben. Unter der braunen Erdschicht schimmerte es golden hervor. Eifrig versuchte ich es zu befreien, doch der Gegenstand steckte tief in der Erde. Mit einem Taschentuch und Spucke begann ich, ihn behutsam zu säubern. Die Schicht, die unter dem Dreck zum Vorschein kam, nahm mir die Luft zum Atmen.
Fassungslos starrte mich Cora an. „Ist das etwa Gold?"
„Sieht fast so aus … Was ist das nur für ein eigenartiges Teil?"
Was es auch war – es war eindeutig etwas Wertvolles. Der freigelegte Teil des Körpers ähnelte einem Kegel. Oben auf dem Ende war ein sternförmiges Muster eingeritzt und an der restlichen Fläche befanden sich kreisähnliche Motive. Ich buddelte vorsichtig weiter, doch der Gegenstand wurde in der Tiefe immer breiter und schien unendlich lang zu sein. Wie schon so oft zuvor, hoffte ich auf den weisen Rat meiner Frau.
„Was machen wir denn jetzt damit? Wer weiß, aus welcher Zeit das ist!"
„Soweit ich weiß, gibt es Bestimmungen für derartige Funde. Wir sollten uns bei jemanden darüber erkundigen."
Nach einigem Hin und Her entschieden wir uns, die Polizei darüber zu informieren, um eventuellen rechtlichen Problemen aus dem Weg zu gehen. Kurze Zeit später trafen einige Mitarbeiter von der Denkmalschutzbehörde ein und begannen mit aufwendigen Ausgrabungen auf unserem Baugrundstück. Einer der Archäologen erklärte uns später, dass bereits vor über fünfzig Jahren ein ähnlicher Fund bei Ezelsdorf-Buch gemacht worden sei. Ein Arbeiter hatte damals beim Graben im Wald einen vorgeschichtlichen Goldblechkegel gefunden. Dieser bestand aus einer Goldlegierung und wurde seinerzeit aus einem Stück und ohne Naht hergestellt. Mittlerweile befand er sich im Germanischen Nationalmuseum Nürnberg und erfreute dort die Besucher.
„Das Fundstück hier aus Ihrem Garten ist ein nicht minder bedeutender Fund unserer Region. Es handelt sich wie auch beim Ezelsdorfer Goldblechkegel um einen goldenen Hut. Ein bronzezeitliches Artefakt von unschätzbarem Wert. Wissen Sie, er diente früher als Schmuckverkleidung einer Kopfbedeckung. Eine gewaltige handwerkliche Leistung!"
Der Archäologe zückte sein Handy und zeigte uns eine Fotografie unseres Gartenfundes. Mittlerweile waren schon ein paar Wochen vergangen und wir hatten das Artefakt noch nie vorher so sauber gesehen. Als wir das Bild auf dem Display vergrößerten, offenbarte sich uns ein reich verzierter Goldblechkörper mit langem, schlankem Schaft und voluminösem Fuß. Bewundernd starrten wir auf das Foto.
„Tja, mein Schatz – das ist ja mal wieder typisch. Da finden wir einen Schatz auf unserem eigenen Grund und Boden und haben nichts davon!", lachte Cora.
„Das ist so nicht ganz richtig", entgegnete der Archäologe.
Fragend sahen wir ihn an.
„Auch wenn es sich hier wahrscheinlich um einen sogenannten Depotfund handelt, also um einen Fund ohne Beifunde, ist er dennoch von unschätzbarem Wert."
Ich war irritiert. „Ja, aber davon haben wir doch trotzdem nichts. Oder doch?"
„Warum denn nicht? Sie haben Glück, dass Sie in Bayern leben, denn dies ist das einzige Land, das über kein Schatzregal verfügt. Ich bin mir sicher, dass *Ihr* Artefakt zu einem fairen Preis vom Nationalmuseum angekauft wird."
Darauf waren wir nicht vorbereitet. Mit offenen Mündern lauschten wir weiter den Worten des Archäologen und ich musste an das goldene, kegelförmige Muster im Inneren meines Kaleidoskops denken. Ich lächelte. Es war keine Pyramide – es war der Goldhut!
Zwar dauerte es noch eine ganze Weile, bis die Nachuntersuchungen der Fundstelle abgeschlossen waren und wir wieder die alleinigen Besitzer unseres Grundstücks sein durften,

doch es sollte sich lohnen. Noch bevor unser Sohn ein Jahr alt war, konnte ich mit dem Bau unseres Hauses beginnen und weitere Nachtschichten hatte ich nicht mehr nötig. Von dem Geld, den unser besonderer Gartenfund einbrachte, konnten wir später sogar noch ein paar Möbeleinkäufe tätigen. Unser Traum wurde endlich Wirklichkeit.

Manchmal machen wir einen Familienausflug zu dem Denkmal, das an den bedeutenden

Fund des Goldkegels erinnern soll. Es liegt direkt zwischen Franken und der Oberpfalz. Wir setzen uns meist auf die Sitzgelegenheiten, die rund um das Denkmal zum Verweilen einladen, und blicken auf die goldene Skulptur, die dem Goldkegel gewidmet ist. Auch wenn meine Frau der Meinung ist, dass man *unserem* Kegel ein ebenso schönes Denkmal errichten sollte – ich denke, dass vor allem Großvaters Kaleidoskop eines verdient hätte.

Tirschenreuth

Dem Himmel so fern

„Wenn ich mal nicht mehr bin, dann warte ich im Himmel auf dich!" Wie oft hatte Jonas das zu seinem Bruder Oskar früher gesagt. Mit Himmel meinte er jedoch nie den allgemein bekannten, sondern einen ganz speziellen – seinen eigenen Himmel. Denn als leidenschaftliche Radsportler hatten sie sich in eine vor gut fünf Jahren erbaute, treppenförmige Aussichtsplattform mit dem Namen „Himmelsleiter" verliebt. Direkt auf dem Radweg ihrer Hausstrecke wurde sie errichtet – eine schlanke Konstruktion aus Stahlstützen inmitten der Tirschenreuther Teichpfanne. Wenn man auf diesem imposanten Bauwerk stand, das immerhin gute zwanzig Metern hoch war, war man nicht nur dem Himmel ein ganzes Stück näher, sondern hatte auch noch einen atemberaubenden Blick über die Waldnaabaue und die umliegenden Hügel und Wälder.

Oskar erinnerte sich noch gut daran, wie er mit seinem Zwillingsbruder zum ersten Mal die Aussicht genoss. Eine brütende Hitze herrschte an diesem Tag und auf der Fahrt machten ihnen jede Menge Mücken das Leben schwer. Wie jeden Werktag hatten sie sich nach Feierabend getroffen und radelten quer durch Tirschenreuth zum Vizinalbahnradweg. Beide waren damals ganz aufgeregt, denn der Bau der Leiter war beendet und diese nun erstmals für alle begehbar. Die Brüder liebten den angelegten Rad- und Fußweg der ehemaligen Bahnstrecke nach Wiesau. Die Strecke führte zum Großteil kerzengerade durch sumpfiges Gelände, vorbei an unzähligen Teichen, und zeigte eine außergewöhnliche Fauna. Die Landschaft war viel mehr für die beiden Brüder als nur ein beliebtes Erholungsgebiet – sie war ihre Heimat.

Bei einer Abbiegung, die eine große Hinweistafel zur Teichpfanne und eine Ruhebank für Wanderer bot, hielten sie kurz inne. Weit vor ihnen ragte das neue Bauwerk in die Höhe. Mächtig und majestätisch sah es aus. Mit leuchtenden Augen blickten sich die Brüder an. Als sie langsam darauf zufuhren, machte sich die Transparenz zwischen der stählernen Treppe und der weichen Landschaft erst richtig bemerkbar. In gegenläufiger Anordnung der beiden Treppenanlagen, von denen eine hinauf und die andere wieder hinab führte, ergab sich automatisch eine Art schmales Tor, durch das man von beiden Seiten hindurch konnte. Unter den beiden Treppenaufgängen befand sich eine Ausstellung großformatiger Bildtafeln. Dort konnte man viel Wissenswertes rund um das Land der tausend Teiche erfahren. Doch die beiden Brüder waren nur an einem interessiert, und zwar daran, von oben den Panoramaausblick zu bewundern. Leichtfüßig erklommen sie die Plattform. Oben angekommen atmeten sie tief ein und spürten den lauen Sommerwind, der ihnen um die Nase wehte. Gemeinsam genossen sie das Gefühl von Freiheit. Oskar erinnerte sich, wie sie damals auf der Ruhebank der Aussichtsplattform saßen und über Gott und die Welt plauderten. Jonas erwähnte

Himmelsleiter und Flurdenkmal in der Tirschenreuther Teichpfanne

dabei, dass er unbedingt eines Tages auf dem Empire State Building stehen wolle und vermied während des ganzen Gesprächs, seine Krankheit zu erwähnen. Doch das Totschweigen tat mehr weh als alles andere. Bereits zu jener Zeit fragte sich Oskar, wie lange sein Bruder wohl noch mit ihm hierher radeln könnte. Hätte er damals schon gewusst, dass sich Jonas Gesundheitszustand kurz darauf drastisch verschlechtern würde, wäre er sofort mit ihm nach New York gereist. Damals hoffte er noch, dass seine Gebete erhört würden oder alles nur ein böser Traum wäre, aus dem er gleich wieder erwachen würde.

Heute, zwei Jahre nach Jonas' Tod, glaubte Oskar an fast gar nichts mehr. Nur noch selten raffte er sich auf, mit dem Rad zur Himmelsleiter zu fahren. Zu tief saß der Schmerz, zu groß war sein Zorn über den Verlust. Meist liefen ihm auf dem Weg dorthin dicke Tränen über die Wangen. So wie auch an diesem Tag. In Gedanken an seinen Bruder fuhr er ihre gemeinsame Lieblingsstrecke ab. Voller Wehmut machte er Rast an der Ruhebank, bei der sie früher oft gemeinsam angehalten hatten. Traurig sah er auf das steinerne Flurdenkmal, das sich etwas abseits neben der Bank befand. Oskar las laut die Inschrift vor, die auf dem Wegkreuz eingemeißelt war: *„Radler und Wanderer, verweile eine kurze Zeit und denke an die Ewigkeit."*

Er senkte den Kopf. Wenn es sie nur geben würde – die Ewigkeit! Jonas Worte hallten in ihm nach: *Wenn ich mal nicht mehr bin, dann warte ich im Himmel auf dich!*

Oskar glaubte zwar weder an ein Leben nach dem Tod noch an Auferstehung oder Wiedergeburt, aber im Innersten hoffte er zumindest darauf. Er hätte alles gegeben, um seinen Bruder wiedersehen zu dürfen. Je mehr er über die Sinnlosigkeit seiner Hoffnung nachdachte, desto wütender wurde er. Wütend auf die Ärzte, die Jonas nicht retten konnten. Wütend auf die Wissenschaftler, die immer noch kein Heilmittel gegen diese verdammte Krankheit gefunden hatten. Wütend auf Jonas' Frau, die mittlerweile einen neuen Lebenspartner gefunden hatte. Wütend auf seinen Sohn, der ihm vorwarf,

Radler u. Wanderer
verweile
eine kurze Zeit
und denke
an die Ewigkeit

»… Traurig sah er auf das steinerne Flurdenkmal, das sich etwas abseits neben der Bank befand …«

»… Plötzlich donnerte es und der Himmel über ihm verdunkelte sich …«

immer nur an Onkel Jonas zu denken. Und wütend auf sich selbst, weil er unfähig war, ohne seinen Bruder zu leben.
Oskar setzte seinen Weg fort. Müde und zerschlagen von all seinen schmerzlichen Erinnerungen entschied er sich sein Rad zu schieben. Bis zur Himmelsleiter waren es nur noch ein paar Minuten. Links und rechts von ihm erstreckten sich unzählige Teiche unterschiedlicher Größe. Mal von dichtem Gebüsch umwachsen, mal mit freier Sicht auf den Wasserspiegel. Ab und zu sprang ein Fisch an die Oberfläche, um nach Insekten zu schnappen. Frösche machten sich lautstark bemerkbar und in der Ferne hörte Oskar einen Kuckuck aus dem Wald rufen. Eigentlich ein idyllisches Fleckchen Erde, wenn ihm nur nicht dieser unsägliche Zorn im Weg stehen würde. Er blickte hinauf zur Aussichtsplattform, zu dem Platz, an dem er immer mit Jonas gesessen hatte. Er vermisste ihn so sehr, dass er wieder bitterlich zu weinen anfing. Er ließ sein Fahrrad fallen, fiel auf die Knie und schrie seinen Schmerz laut heraus:
„J O N A S! Wo bist du? Du hast es mir versprochen … du hast mir versprochen, dass du in unserem Himmel auf mich wartest …!"
Plötzlich donnerte es und der Himmel über ihm verdunkelte sich. Die sanften Schäfchenwolken von vorhin verwandelten sich in Sekundenschnelle in Unheil verkündende Gewitterwolken. Es fing an zu nieseln. Oskar blickte erschrocken auf die Himmelsleiter. Die stählerne Konstruktion wirkte auf einmal bedrohlich. Das Stahlgerüst, das sonst mattgrau im Sonnenlicht leuchtete, glänzte tiefschwarz. Feuchte Luft und ein modriger Geruch umgaben Oskar. Er schluckte gegen die aufsteigende Panik an. Langsam richtete er sich auf. In dem Teich rechts neben der Treppe zogen silbrige Dunstschleier auf und tauchten die Wasseroberfläche in ein schemenhaftes Licht. Die Bäume, die aus dem Wasser ragten, streckten ihre Zweige wie nackte Knochen in die Höhe, einzelne Baumstämme trieben einsam auf dem Wasser. Es sah gespenstisch aus. Schlagartig wurde es still. Zu still. Dann zuckte Oskar zusammen – Wasser zischte wie ein Geysir empor, um sich anschließend auf der Wasseroberfläche in einen gewaltigen Strudel zu verwandeln und sich zu teilen. Mit klopfendem Herzen trat Oskar näher an den Uferrand. Ein klaffendes Loch ragte hinab in die Tiefen des Teiches. Das Wasser floss darin hinab in die Dunkelheit. Es sah aus, als ob jemand den Stöpsel aus einer Badewanne gezogen hätte. Doch welcher Jemand wäre dazu in der Lage gewesen? Langsam versiegte das Wasser im Inneren des kreisförmigen Hohlraums und Oskar erkannte breite Stufen, die wie eine Wendeltreppe in die Untiefen des Gewässers führten. Regungslos stand er am Ufer und starrte hinein. Mit einem Mal zischte es leise hinter ihm. Erschrocken drehte er sich um und erblickte die Himmelsleiter – sie war von schneeweißem Nebel umgeben. Die Schwaden umschmiegten jede einzelne Stufe, wanden sich Stufe für Stufe hinauf und legten sich schließlich um die Beine eines jungen Mannes, der auf der obersten Stufe stand. Der Umriss seines Körpers strahlte wie grelles Neonlicht und brachte Oskar zum Blinzeln. Schützend hielt er sich die Hand vor Augen. Als das Licht abschwächte, erstarrte er. Oben auf der Himmelstreppe stand Jonas. Oskars Herz begann zu rasen. Spielten ihm seine Sinne einen Streich? Er nahm seinen ganzen Mut zusammen und ging einen Schritt auf die Treppe zu, doch als er die erste Stufe betreten wollte, löste sie sich im Nebel auf. Erst die unterste, dann die nächste und übernächste. Oskars Fuß trat ins Leere. Die nächste erreichbare Stufe war viel zu hoch. So sehr er sich auch bemühte, sie zu erreichen, es gelang ihm nicht.
Mit zitternder Stimme rief er nach Jonas. „Komm zu mir. Hörst du? Komm zu mir herunter!"
„Ich kann nicht!", antwortete sein Bruder mit ruhiger, fester Stimme und bewegte sich nicht.
„Warum nicht?"
„Du musst zu mir heraufkommen!"
Verzweifelt versuchte Oskar wieder und wieder die erste Stufe zu erreichen.
„Wie um Himmels Willen soll ich das schaffen?"
„Indem du dein Leben und das deiner Familie und Freunde mehr achtest!"

»… Wasser zischte wie ein Geysir empor …«

Unter Tränen bettelte Oskar ihn an. „Ich soll was? Das … das versteh ich nicht. Wie sollte mir das dabei helfen?"
„Erst wenn du mit dir und deinem Leben im Reinen bist, kannst du mir eines Tages in unserem Himmel gegenüberstehen. Solange du aber weiterhin allen anderen und dir selbst die Schuld an meinem Tod gibst, wird das nicht geschehen."
Oskar sah fragend zu Jonas hinauf.
„Siehst du die dunkle Treppe im Teich, die hinab in die Unterwelt führt?"
Oskar blickte hinüber aufs Wasser und nickte.
„Diese Treppe kannst du betreten. Ihre Stufen werden standhalten. Geh hin und probiere es aus, wenn du möchtest, aber sage nicht, ich hätte dich nicht gewarnt! Denn wenn du diesen Weg erst einmal gewählt hast, gibt es keinen Weg zurück. Und auch keinen Weg zu mir. Willst du das?"
Oskar schüttelte verneinend den Kopf.
„Leb dein Leben, Oskar, und genieße es in vollen Zügen. Achte deine Familie und deine Freunde. Verbanne den Zorn aus deinem Kopf. Verzeihe und verstehe. Und du wirst sehen – eines Tages ist es soweit und ich werde hier im Himmel auf dich warten. Zu dieser Zeit jedoch bist du dem Himmel noch sehr fern …!"
Jonas sah zu seinem Bruder hinab und lächelte mitfühlend. Während Oskar schwor, seine Worte zu beherzigen, zog sich der Nebel langsam zurück und Jonas verschwand ebenso mysteriös, wie er erschienen war.
Oskar entfernte sich vom Teich, dessen Wasser immer noch geteilt in die Tiefe floss. Als er sein Fahrrad vom Boden aufhob und sich von der Himmelsleiter fortbewegte, sah er, dass sich die Wasseroberfläche wieder ebnete.
Oskar setzte sich benommen auf sein Rad und fuhr zurück in Richtung Tirschenreuth. Am Wegkreuz kam ihm die Inschrift in den Sinn.
„Radler und Wanderer, verweile eine kurze Zeit und denke an die Ewigkeit."
Und nun wusste er: Beim nächsten Mal würden sie sich wiedersehen. Im Himmel – und dann für die Ewigkeit.

Schwandorf

Das Seelenrad am Naabufer

In den ersten Nächten, in denen die aufkommende Winterkälte gnadenlos ihre Finger nach den Herbstabenden ausstreckte, geschah so manch Unheimliches in Schwandorf. Nur wenige Bewohner trauten sich nachts noch auf den Marktplatz. Selbst die Autofahrer umfuhren großräumig den Stadtkern, um der Altstadt nicht zu nahe zu kommen.

Eines Abends zog ich meinen Sessel näher an mein Wohnzimmerfenster, um einen neugierigen Blick auf die Naabuferstraße zu wagen. Vorsichtig schob ich den Stapel DVDs auf meiner Fensterbank zur Seite und spähte durch das Glas. Die Straße war menschenleer. Ich kippte das Fenster und hoffte, dass die üblichen Straßengeräusche zu mir hochdringen würden, doch kein Laut war zu hören. Wie oft hatte ich mich in der Vergangenheit über den Lärm beschwert, den die viel befahrene Straße unter mir verursachte. Wie oft hatte ich sogar tagsüber die Jalousien heruntergelassen, nur um zur Ruhe zu kommen. Und jetzt? Jetzt erinnerte ich mich wehmütig an die Zeit, in der die Straßen noch voller Leben waren.

Alles begann vor ein paar Monaten, als Josef Kernbichl, der hiesige Apotheker, eines Nachts beim Gassigehen mit seinem Hund spurlos verschwand. Tagelang suchte die Polizei ohne Erfolg nach ihm. Während einige meiner Nachbarn sich sicher waren, dass er sich mit seiner jüngeren Geliebten ins Ausland abgesetzt hatte, dachten andere, er wäre nur vor seiner Frau geflüchtet. Letztere hatte nämlich Haare auf den Zähnen und machte dem Armen schon länger das Leben zur Hölle. Erst als sein Hund völlig apathisch und abgemagert am anderen Ende der Stadt gefunden wurde und kurzerhand später auch noch Frau Kernbichl auf mysteriöse Weise verschwand, verstummte die Gerüchteküche. Fassungslosigkeit und Angst machten sich nun in der Stadt breit.

Das laute Zischen meines Wasserkochers riss mich aus meinen Gedanken. Es war definitiv Zeit für eine gute Tasse heißen Tee. Nach kurzer Suche fand ich auch die geeignete Sorte für diesen Abend: Polarfeuer, eine neue Rotbuschtee-Kreation. Mit beiden Händen umfasste ich mein altes Keramikhaferl und ging zurück zu meinem Fensterplatz. Ich stellte das dampfende Haferl auf dem Fensterbrett ab und starrte erneut hinab auf die Straße. Die Kirchturmglocken der St.-Jakob-Pfarrkirche schlugen elf Uhr. Ich war froh, dass morgen Sonntag war und ich ausschlafen konnte. Seit den letzten unheimlichen Ereignissen hatte ich es mir nämlich zum Hobby gemacht, nachts aus dem Fenster zu starren. Manchmal, wenn ich mein Spiegelbild im Fenster sah, musste ich unweigerlich an den alten Hitchcock-Film „Das Fenster zum Hof" denken. Auch wenn ich, rein äußerlich, mit James Stewart so gar nichts gemein habe. Lächelnd streifte ich mit den Fingern über meine rechte Augenbraue und spielte an meinen Piercingringen. ‚Meine zahlreichen Tattoos hätten sich in diesem Filmklassiker sicherlich gut

Stadt Schwandorf und die Wasserräder am Hubmannswöhrl, Schwandorf

»… Die Straße war menschenleer …«

gemacht!', dachte ich voller Ironie und nippte an meinem Tee.
Maria, meine Kollegin, hatte anfangs immer Angst vor mir gehabt. Es dauerte lange, bis sie freiwillig mein Büro betrat. Erst nach der Weihnachtsfeier letzten Jahres, als sie bemerkte, dass ich Nichtraucher war und Alkohol jeglicher Art verabscheute, freundete sie sich langsam mit mir an. Mir wird es wohl ewig ein Rätsel sein, warum Menschen ihr Gegenüber nur an Äußerlichkeiten messen. Maria urteilte dank unserer Freundschaft nicht mehr so leichtfertig. Nach kurzer Zeit dachte sie sogar über ein eigenes Tattoo nach, doch dazu kam es leider nicht mehr. Denn auch sie verschwand eines Nachts, als sie von einer Veranstaltung des Kulturkellers auf dem Nachhauseweg war. Als besonders tragisch empfand ich, dass man einige Tage nach ihrem Verschwinden ihre Handtasche unweit von meiner Wohnung am Naabufer fand. Warum zum Teufel war ich damals nicht einfach mit auf dieses verdammte Konzert gegangen? Eigentlich liebte ich doch die Abende im Felsenkeller. Nicht nur wegen der kulturellen Vielfalt, die dort geboten wurde, sondern auch wegen des besonderen Am-

bientes. Außerdem war der Kulturkeller nur einen Katzensprung von mir entfernt. Ich musste lediglich ein paar Meter die Fronberger Straße hinaufgehen und schon war ich dort. Egal wie oft ich darüber nachdachte, all die Gedanken konnten leider nichts mehr daran ändern, dass Maria seit diesem besagten Konzert vermisst wurde. Auch wenn die Polizei nicht von einem Verbrechen ausging – ich war da ganz anderer Meinung. So entsetzlich sich das auch anhören mochte, ich glaubte daran, dass sie tot sei. Dass alle tot seien. Ermordet von einem Wahnsinnigen, eine Art Jack the Ripper, der hier in Schwandorf sein Unwesen treibt. Ja, daran glaubte ich. Natürlich teilte fast niemand meine Meinung, denn die meisten Menschen mögen es nicht, wenn man sie ihrer Hoffnung beraubt. Nur der alte Suffkopf Lukas, der stets angetrunken durch die Gassen streunte, war der gleichen Meinung wie ich. Zumindest glaubte er auch, dass sie tot seien. Lukas gehörte zu dieser Stadt, fast schon so lange wie die Naab oder der Blasturm selbst. Bereits als ich noch ein Kind war, erzählte er mir die unheimlichsten Geschichten, wenn er zufällig meinen Schulweg kreuzte. Wenn ich meinen Eltern zu Hause davon erzählte, schüttelten sie meist nur den Kopf und versuchten mich zu beruhigen. Nur ein einziges Mal stellte mein Vater ihn zur Rede. Lukas hatte mir damals erzählt, dass die Naab ein Fluss des Todes sei. Daraufhin konnte ich nächtelang nicht mehr schlafen. Ich bildete mir ein, nachts Schreie aus dem Nebenfluss der Donau zu hören. Schließlich wurden meine nächtlichen Panikattacken so schlimm, dass meine Mutter sogar das Fenster in meinem Kinderzimmer schließen und die ganze Nacht das Licht anlassen musste. Na, jedenfalls hat sich mein Vater den Trinker am Tag darauf ordentlich vorgeknöpft und ihm die Leviten gelesen. Danach machte Lukas lange Zeit einen großen Bogen um mich. Mittlerweile erzählt er mir immer wieder mal die eine oder andere gruselige Geschichte, die dem armen Tropf seinem vom Alkohol in Mitleidenschaft gezogenen Gehirn entspringt. Oft höre ich ihm einfach gar nicht mehr zu. Nicke nur ab und an, um ihm zu signalisieren, dass ich aufmerksam bin und werfe „Was? Das ist ja furchtbar!“ in seine Erzählung ein. Darüber freut er sich fast ebenso so sehr wie über eine volle Flasche Schnaps.

Ich nahm den nächsten Schluck Tee und musste weiter an Lukas denken. Sicher würde er jetzt gerade vor Kälte bibbern. Mir fiel auf, dass ich ihn die letzten Tage gar nicht mehr gesehen hatte. ‚Oh Gott!‘, schoss es mir durch den Kopf. ‚Er wird doch nicht auch …!?‘

Bevor ich den Gedanken weiterspinnen konnte, sah ich, dass Lukas gegenüber am Hubmannwöhrl stand. Er hielt sich die Hand vor den Mund und schien verängstigt zu sein. Das Licht der Straßenlaterne beleuchtete spärlich sein ausgemergeltes Gesicht. Erschrocken über seinen elenden Anblick sprang ich aus meinem Sessel, öffnete das Fenster weit und rief zu ihm hinunter: „Alles klar, Lukas?“

Hilfesuchend sah er hinauf zu mir und schrie: „Schnell, öffne die Tür, Alex. Sie sind hinter mir her!“

Panisch rannte er über die Straße. Irritiert ging ich zu meinem Türöffner und drückte auf den Knopf. Unten summte es laut. Wenig später hörte ich ihn schweren Schrittes das Treppenhaus hinaufstampfen. Ich ließ die Wohnungstür einen Spalt auf und ging zurück zum Fenster. Keine Menschenseele war draußen zu sehen.

„Dieser Schelm möchte sich wohl etwas bei mir aufwärmen!“, flüsterte ich vor mich hin, als Lukas an meiner offenen Tür klopfte.

„Alex? Bist du da?“

„Ja, natürlich! Wer sollte denn sonst in meiner Wohnung sein?“

„Was für ein Glück. Du hast mir das Leben gerettet!“

„Na, da wäre ich mir nicht so sicher!“

„Wie meinst du das?“

Ich lachte. „Erstens hat dich niemand verfolgt und zweitens wirst du bei mir keinen hochprozentigen Lebensretter finden!“

Bei dem Stichwort kramte Lukas nervös in seinen tiefen Manteltaschen und zog eine fast volle Wodkaflasche heraus.

„Ich brauch keine Almosen. Ich habe genug, um mich tot zu saufen!“

„Wie wunderbar. Aber das hast du doch jetzt sicher nicht in meiner Wohnung vor … oder?“

Ich sah ihn an und deutete auf die Couch. „Jetzt setz dich erst mal und erzähl mir, wer dich um Himmels Willen angeblich verfolgt!“

Lukas nahm mein Angebot an, setzte sich und nahm einen gierigen Schluck aus der Flasche.

„Der Gevatter, Alex! Der Leibhaftige!“

„Mensch, Lukas. Was redest du denn wieder für wirres Zeug?“

„Das ist kein wirres Zeug. Es ist wahr. Das musst du mir glauben!“

Ich ließ mich zurück in den Sessel sinken und schüttelte den Kopf.

Lukas redete weiter auf mich ein. „Vergiss nicht, ich bin der Einzige, der deine Meinung über Marias Verschwinden teilt. Warum sollte ich dich belügen?“

„Okay. Dann erzähl mal. Wie sieht er denn aus, der gute Gevatter? Lass mich raten: Er trägt ne

schwarze Kutte mit Kapuze und schleppt ne Sense mit sich rum, richtig?", spottete ich.

„Lach nur, mein Freund! Dir … dir wird's schon noch vergehen!", antwortete Lukas mit weinerlicher Stimme.

„Jetzt beruhig dich wieder!" Er tat mir plötzlich leid. ‚Schlimm, was der Alkohol aus einem Menschen machen kann!', dachte ich und blickte ihn mitfühlend an. Er senkte seinen Kopf, schloss die Augen und weinte still vor sich hin. Bei diesem Anblick konnte ich einfach nicht anders. Völlig machtlos hörte ich mir selbst zu, als die Worte über meine Lippen kamen: „Zieh deine Schuhe aus und leg dich auf die Couch. Heute Nacht ist es besser, wenn du hier bleibst!"

Die Erleichterung in Lukas Gesicht sprach Bände. Schnell folgte er meiner Anordnung und entledigte sich seines Schuhwerks. Seine Füße stanken erbärmlich. Ich ging zum Fenster und wollte es öffnen.
„Nein, nicht!“ Lukas erschrak.
„Na, hör mal, ich will ja nicht ersticken!“
„Sie werden uns holen!“
„Sie?“
„Die Seelenfänger!“
„Was soll das? Welche Seelenfänger?“ Schon bereute ich es ihn eingeladen zu haben.
Lukas starrte ins Leere und sprach leise vor sich hin.
„Sie sind Handlanger des Teufels. Immer um die Mitternachtszeit herum, wenn eines der alten Wasserräder sich am Hubmannwöhrl für kurze Zeit zu drehen beginnt, ertränken die Fänger des Gevatters arme Seelen und ziehen sie hinab in das Reich des Todes!“
Genervt fasste ich mich an die Stirn. Jeder Einwohner dieser Stadt weiß, dass die Wasserräder schon lange wegen eines Lagerschadens stillstehen und vor sich hin rosten. Seitdem die-

nen sie als eine Art Wahrzeichen der Stadt und sind hauptsächlich ein begehrtes Fotomotiv. Gut, ein wenig Schauerliches umgibt das Wasserrad schon. Denn dem Müller, dem es ursprünglich gehört hatte, hatte es einst übel mitgespielt. Es heißt, das Rad habe seinem damaligen Besitzer einen Fuß zerschlagen. Alleine bei dem Ausdruck „zerschlagen" empfand ich schon körperliche Schmerzen und bildlich vorstellen wollte ich mir das erst gar nicht. Ich schüttelte mich bei dem Gedanken. Lukas sah erfreut zu mir hoch.

„Ah, ich seh schon. Jetzt glaubst du mir endlich …!", lallte er mir mit einer gehörigen Fahne entgegen.

„Ach, sei still und schlaf deinen Rausch aus!" Ich nahm ihm die Flasche aus den Händen, stellte sie aufs Fensterbrett und half ihm dabei sich hinzulegen. Gefügig ließ er es über sich ergehen und fiel kurz darauf in einen tiefen Schlaf.

‚Geschafft!', dachte ich erleichtert und setzte mich erschöpft in meinen Sessel. Mein Tee war mittlerweile erkaltet. Ich überlegte, ob ich mir einen neuen kochen sollte, doch der Gestank, der von Lukas Socken ausging, vermieste mir mein Vorhaben. ‚Jetzt ist definitiv der richtige Zeitpunkt zu lüften!', dachte ich mit Blick auf den schlafenden Lukas und kippte das Fenster. Als ich, um schnellstmöglich Frischluft einzuatmen, meine Nase durch den Fensterspalt hinausreckte, hörte ich ein leises Plätschern. Zuerst nahm ich es kaum wahr, doch dann wurde das Geräusch immer lauter und deutlicher. Erschrocken fuhr ich zurück und blickte durch die Fensterscheibe. Das konnte doch nicht wahr sein! Mein Blut gefror mir in den Adern. Das Wasserrad – es drehte sich! Es drehte sich so gleichmäßig, als ob es noch nie zuvor stillgestanden hätte. Mein Herz begann wild zu pochen. Laut und kräftig schlug es gegen meinen Brustkorb.

„Lukas!", stammelte ich leise. „Sieh nur … das Rad!"

Aufgeregt stolperte ich zu ihm hinüber und versuchte ihn wachzurütteln, doch er drehte sich nur von mir weg und stammelte etwas Unverständliches. Plötzlich durchdrang der schrille Schrei einer Frau die Stille der Nacht. Ich rannte zurück zum Fenster.

„Alexander … Hilf mir … so hilf mir doch!"

Gänsehaut breitete sich auf meinem ganzen Körper aus. Es war Marias Stimme. Beherzt riss ich das Fenster auf und schrie voller Leibeskraft nach ihr. „Maria … Maria! Wo bist du?" Sie antwortete nicht. Nur ein verzweifeltes Wimmern drang noch zu mir hoch. Ohne lange zu überlegen, rannte ich das Treppenhaus hinunter.

„Gleich bin ich bei dir, Maria! Ich lasse dich

Spielhalle
Spielhalle

»… Mein Blut gefror mir in den Adern.
Das Wasserrad – es drehte sich!«

nicht noch einmal im Stich!", rief ich und stürmte instinktiv hinüber zu den Wasserrädern am Hubmannwöhrl. Fieberhaft versuchte ich etwas zu erkennen und suchte, so gut es in der Dunkelheit ging, die Wasseroberfläche der Naab nach ihr ab. Plötzlich kamen die Wasserräder wie von Geisterhand wieder zum Stehen. Von ihren Schaufeln floss, rasch wie in Zeitraffer, das überschüssige Wasser ab. Ich schluckte. Eine dunkle Nebelwand zog über den Fluss. Schemenhaft formten sich daraus unheimliche Gestalten, die ihre knochigen Hände nach mir ausstreckten. Die Erde begann zu beben. Wie gelähmt blieb ich stehen und starrte auf die Wasserräder, die sich erneut zu drehen begannen. Schwerfällig tauchten die einzelnen Schaufeln wieder in das Wasser ein. Doch sie schöpften diesmal kein Wasser aus der Naab, sondern dunkelrotes Blut. Die finsteren Gestalten kamen immer näher. Voller Todesangst wich ich zurück und sah dabei aus den Augenwinkeln, dass Lukas plötzlich an meinem Fenster stand. Ein Hoffnungsschimmer keimte in mir auf. Lauthals rief ich zu ihm hinüber: „Hilf mir, Lukas! Sie sind hinter mir her ..."

Die Nebelgestalten waren nur noch eine Armlänge von mir entfernt. Panisch schrie ich weiter. „Verdammt, Lukas! Es sind die Seelenfänger, verstehst du? Die SEELENFÄNGER!"
Es war zu spät. Sie hatten mich erreicht, packten mich und schleuderten mich gegen das Wasserrad. Verzweifelt versuchte ich mich an den blutüberströmten Schaufeln festzuhalten und gegen deren Bewegung, ähnlich wie in einem Hamsterrad, nach oben zu steigen, doch ich rutschte ständig ab. Mit letzter Kraft krallte ich mich an die Uferbefestigung. Das Blut, in dem ich schwamm, klebte schwer wie Blei an mir und zog mich immer mehr in die Tiefe. Noch einmal sah ich flehend hinauf zu meinem Wohnzimmerfenster. Mir stockte der Atem. Lukas trug plötzlich einen dunklen Umhang mit Kapuze. In der einen Hand hielt er seine Wodkaflasche, in der anderen eine Sense. Mit einem hohlen Lachen prostete er mir zu, während ich langsam und qualvoll an dem dickflüssigen Blut um mich herum erstickte.

Cham · Chammünster

Im Bann des Ödenturms

Der Herbst hatte begonnen, die Blätter der Bäume bunt zu färben, und die Luft duftete bereits nach Astern und Pilzen. Der kleine Max und Hans Mayr, sein Großvater, nutzten einen der letzten schönen Tage des Jahres und machten sich zu einem Spaziergang zum Ödenturm auf, wie an den meisten Sonntagen. Oft gingen sie dabei zuerst an der Pfarrkirche Mariä Himmelfahrt vorbei und hielten am Gebeinhaus auf dem Friedhofsgelände inne. Max konnte gar nicht genug von diesem unheimlichen Ort bekommen. Die Anhäufung von menschlichen Gebeinen und Totenschädeln faszinierte ihn jedes Mal aufs Neue. Doch dieses Mal führte sie ihr Weg direkt zu dem alten Bergfried. Sicher, es war für einen Chammünsterer, wie man die Bewohner des Ortes rund um den Turm liebevoll nannte, keine Besonderheit, der Ruine Chameregg einen Besuch abzustatten. Jedoch taten es die wenigsten von ihnen jeden Sonntag. Manche der Ortsbewohner hielten die beiden deshalb für etwas sonderbar. Andere von ihnen waren der Meinung, dass sie nur wegen des guten Essens im nahegelegenen Gasthaus so oft den Bergfried aufsuchten. Auch wenn von der ursprünglichen Burg im Wesentlichen nur noch ein Teil, nämlich ein halber Turm, zu sehen war, Max war jedes Mal aufs Neue fasziniert.

So wie auch heute, als sie die Ruine nach wenigen Minuten erwandert hatten. Das Wetter war trocken, daher nutzte Hans den Sockel des Turmes, um sich niederzulassen. Er war dankbar über die mittelalterliche Sitzgelegenheit und machte es sich auf den Steinen der Mauer bequem. Max hingegen schritt ein paar Meter zurück, um besser auf den Turm und seine regelmäßig geformten Steine blicken zu können. Aus dem Abstand ließ sich wunderbar erkennen, wie der Bergfried aufgebaut war. Insgesamt vier Stockwerke mit Gewölben zeichneten sich vor Max ab. Er kniff die Augen zusammen.

„Opa, bist du dir sicher, dass das mal eine richtige Burg war?“

„Aber natürlich – und was für eine, mein Junge!“, lachte er und machte eine kreisrunde Bewegung über seinem Kopf, als er weitersprach: „Wenn du ein Vogel wärst, könntest du noch die umlaufenden Gräben der Burganlage sehen!“, schwärmte er.

Max breitete seine Arme aus, schloss seine Augen und begann, sich wie ein Kreisel auf dem Rasen zu drehen.

„Wenn ich ein Vogel wäre, dann würde ich … !“

Sein kindliches Vergnügen wurde jäh von einem bedrohlichem Grollen unterbrochen. Erschrocken riss Max seine Augen auf und sah, wie sich der Himmel über ihm schlagartig verdunkelte. Düstere Turmwolken erschienen wie aus dem Nichts und schoben sich vor die Mittagssonne. In Sekundenschnelle schien sich der helllichte Tag in finstere Nacht zu verwandeln. So, als ob sich sämtliche dunkle Mächte über ihnen vereinen wollten. Max wurde bleich und rannte zu seinem Großvater hinüber.

Der Ödenturm und das Gebeinhaus von Chammünster und die Altstadt von Cham

»… Die Anhäufung von menschlichen
Gebeinen und Totenschädeln faszinierte
ihn jedes Mal aufs Neue …«

„Was ist das? Geht jetzt die Welt unter?“
„Für dich sicher nicht, mein Junge. Für dich sicher nicht!“
Max verstand nicht, was sein Opa damit sagen wollte, doch bevor er ihn nach dem Sinn seiner Worte fragen konnte, bemerkte er, dass sich am Himmel unzählige, pechschwarze Punkte zueinander formierten. Die Punkte kamen näher und näher. Kurz bevor sie die Anlage erreichten, erkannte er, dass es Raben waren. Innerhalb weniger Minuten versammelten sich Hunderte von ihnen auf den umliegenden Bäumen. Unheilvoll krächzten sie zu ihm hinab. Es war ein ohrenbetäubendes Geräusch. Max begann vor Angst am ganzen Körper zu zittern. Er blickte hilfesuchend zu seinem Großvater, doch dieser schien vollkommen entspannt das Treiben der Aasfresser zu beobachten. Vier der Rabenkrähen setzten sich direkt auf dem Turm ab. Neugierig legten sie ihre Köpfe in Schieflage und spähten auf

Max. Das Krächzen verstummte und für kurze Zeit wurde es mucksmäuschenstill. Plötzlich begann einer der Raben auf der Mauer mit seinem dunklen Schnabel auf den Stein zu klopfen. Klack, klack. Bei diesem Geräusch fiel einer der Raben, die auf den gegenüberliegenden Bäumen saßen, wie ein Stein zu Boden. Erst waren es nur ein, zwei Vögel, die leblos auf der Rasenfläche aufschlugen. Doch dann klatschten unaufhörlich tote Rabenkrähen wie überdimensionale, schwarze Regentropfen vor ihnen auf die Erde. Voller Angst, von einem der Tiere erschlagen zu werden, lehnte sich Max mit dem Rücken an die Mauer des Ödenturms. Mit weit aufgerissenen Augen sah er seinen Großvater an. Als sei dieser sich sicher, dass ihn kein Vogel treffen könne, stand er langsam auf, ging in die Mitte der Rasenfläche und schrie: „Hört auf!“

Kaum hatte er dies getan, verschwanden wie von Geisterhand alle toten Tiere und sämtliche Raben auf den Bäumen. Lediglich die vier Vögel auf der Mauer saßen unbehelligt an ihrem Platz. Siegessicher visierten sie Max an und gaben erneut ihr gruseliges Krächzen zum Besten.
„Was, was ist das? Ich versteh das alles nicht …!“, flüsterte Max heiser.
Sein Großvater setzte sich wieder am Fuße des Ödenturms und klopfte auf den Stein neben sich. „Setz dich, mein Junge. Ich glaube, ich muss dir erzählen, warum das gerade geschehen ist!“
Obwohl Max gerne davongelaufen wäre, überwog seine Neugier, und so setzte er sich.
„Es ist schon viele Jahre her, ich war damals gerade mal so alt wie du jetzt, da bin ich mit meinen Freunden immer hierher gekommen, um Dummheiten zu machen.“
„Was für Dummheiten?“
„Große Dummheiten. Dinge, die mit Vernunft nichts zu tun haben.“
Max sah ihn ungläubig an.
„Unser Anführer erteilte uns damals immer Mutproben, die es zu bestehen galt. Wer sie bestand, wurde von ihm und den anderen geachtet, wer nicht – der nicht.“
Max‘ Großvater machte eine kurze Pause, bevor er weitererzählte. „So kam es, dass er mir eines Tages die Aufgabe erteilte, auf die Mauer des Ödenturms zu klettern und einen jungen Raben von seinem Nest aus zum Fliegen zu bringen.“
„Was, da hinauf? Hast du das geschafft?“
„Die Höhe war noch mein geringstes Problem. Die konnte ich – wenn auch mit jeder Menge Anstrengung – mittels meiner Kletterausrüstung und mit Hilfe der anderen bewerkstelligen. Mein Problem war es, den Jungvogel aus dem Nest zu stoßen.“
„Warum?“

„Warum? Na, weil es ein Lebewesen wie du und ich ist!"
Der Großvater schüttelte den Kopf.
„Was ist dann passiert?", löcherte ihn Max sensationsgierig.
Nach einigem Zögern fuhr sein Großvater fort: „Es ist etwas Schreckliches geschehen. Nachdem unser Anführer mir sagte, dass mich jeder auslachen würde, wenn ich mich das nicht trauen würde, hob ich den Vogel aus seinem Nest, warf ihn wie ein wertloses Bündel in die Höhe und betete!"
„Wieso? Der kann doch fliegen!"
„Nein, Max, das konnte er leider noch nicht."
„Und dann?"
„Was und dann? Das kannst du dir nicht vorstellen?"
Max schüttelte den Kopf.
„Er schlug auf dem Boden auf und war auf der Stelle tot!"
„So wie die Vögel von vorhin?"
„Ja, genau so!"
„Okay, das ist zwar schade um den Vogel, aber deine Freunde haben dich danach sicher bewundert. Nicht wahr?"
„Da gab es nichts zu bewundern. Wir blickten auf den toten Vogel und machten uns gegenseitig Vorwürfe. Und plötzlich kamen aus den Mündern meiner Freunde nur noch kratzende Geräusche. Sie brachten kein normales Wort mehr zustande. Erschrocken liefen wir den Hügel hinunter und wollten zurück nach Chammünster, doch es war zu spät. Am Fuße des Berges angekommen, waren meine Freunde schon mit blauschwarzen Federn übersät, und als wir die ehemalige Burganlage verließen, verwandelten sie sich in mächtige Rabenkrähen und hoben ab in die Lüfte."
Ungläubig starrte Max seinen Großvater an. „Hast du sie je wieder gesehen?"
„Ich sehe sie jeden Sonntag aufs Neue. Sie sitzen hier über uns." Der alte Mann zeigte hinauf auf die vier Raben.
„Das sind deine Freunde? Aber warum haben sie sich denn damals überhaupt verwandelt?"
„Weil wir einem kleinen Raben schreckliches Leid angetan haben!"

„Das verstehe ich nicht. Wieso wurden denn sie bestraft, wenn eigentlich du den Vogel getötet hast?"
„Wer sagt denn, dass ich nicht bestraft wurde?" Hans stand auf und blickte auf den Jungen hinab.

„Ach, du meinst das von vorhin, nicht wahr? Du bist gerade bestraft worden, weil es diese Vögel geregnet hat?“
Der alte Mann bückte sich zu Max hinunter und nahm sein Gesicht in die Hände.
„Das war nicht meine Strafe – sondern deine!“
„Meine? Aber für was denn?“
„Weil du unser damaliger Anführer warst!“
„Was, ich? Aber das geht doch gar nicht. Damals war ich ja überhaupt noch nicht auf der Welt!“
„Oh doch, das warst du und das wirst du immer sein. Deine Strafe ist nämlich, dass du niemals alt werden kannst. Dich werden immer wieder aufs Neue die Raben heimsuchen. Sie werden

»… Dich werden immer wieder aufs Neue die Raben heimsuchen. Sie werden dich jagen, auf dich einhacken und wer weiß, was noch mit dir tun …«

dich jagen, auf dich einhacken und wer weiß, was noch, mit dir tun."
Max fing an zu weinen. „Das ist nicht wahr. Du lügst!"
Wütend sprang er auf, fuchtelte wild mit seinen Armen herum und verscheuchte die Raben auf der Mauer. Mit verzweifelter Miene schrie er seinen Großvater an: „Sag schon, wenn das wirklich stimmen würde – wie wurdest du dann bestraft? Du bist weder ein Rabe noch jung geblieben!"
„Erinnerst du dich denn wirklich an gar nichts mehr?"
Der alte Mann zog einen Zettel aus seiner Hosentasche und gab ihn Max. Vorsichtig entfaltete dieser das Papier. Darauf stand ein altes arabisches Sprichwort:
„Wir waren, was ihr seid;
Doch kommen wird die Zeit,
Und kommen wird sie euch geschwind,
wo ihr sein werdet, was wir sind."
Irritiert sah Max zu seinem Großvater auf.
„Diesen Zettel haben uns unsere Freunde nach ihrer Verwandlung im Flug über dem Ödenturm abgeworfen. Eines Tages wird es soweit sein, da werden wir beide zu dem werden, was sie jetzt sind: zu Raben."
Der alte Mann sah Max eindringlich an.
„Warum erzählst du mir das alles gerade jetzt?"
„Oh, das tu ich nicht nur jetzt. Ich erzähle dir das seit damals jeden Sonntag. Doch immer, wenn du dich vom Ödenturm entfernst, kannst du dich an nichts mehr erinnern. Dann weißt du nicht einmal, dass ich eigentlich dein Freund und nicht dein Großvater bin!"
Entsetzt fing Max an zu schreien und lief den Berg hinunter. Hans ging ihm gemächlich nach und holte ihn schließlich am Eingang des Gast-

hauses wieder ein. Fröhlich wartete der Junge dort auf ihn.
„Opa?“, fragte er gut gelaunt.
„Was essen wir denn heute?“
Der alte Mann lächelte müde. „Das was wir jeden Sonntag essen, mein Junge!“
Einige Jahre später, als Hans Mayr längst verstorben war, lebte Max bei den Angehörigen seines ehemaligen Freundes in Cham. Dort hatte er es sich zur Angewohnheit gemacht, jeden Sonntagmittag zum Marktplatz zu gehen, um dort auf den bequemen Sitzgelegenheiten zu lesen. Wie auch schon in der Zeit mit Hans Mayr bevorzugte er eine gewisse Regelmäßigkeit. Daher ging er immer durch den Schatten spendenden Rathausdurchgang, vorbei am imposanten Marktplatzbrunnen zu der Sitzgruppe in Nähe des Maibaumes. Den längst vergilbten Zettel, den er damals von seinem alten Freund bekommen hatte, benutzte er immer als Lesezeichen des aktuellen Buches, das er gerade las. Als er sein neu erstandenes Buch *Mystische Oberpfalz* aufschlug, verdunkelte sich der Himmel. Wind kam auf und wehte sein Lesezeichen zu Boden. Max sah es noch kurz am Boden liegen, bevor es eine Böe mit sich riss. Taumelnd hob es sich in die Lüfte, höher und höher, von einer geschnitzten Figur zur anderen bis hin zum Maibaumkranz, in dem der Zettel schließlich hängen blieb.
Auch wenn Max längst auswendig wusste, was darauf stand, so hatte er sowieso nie verstanden, warum sein Großvater ihm ausgerechnet diesen alten Spruch gegeben hatte. Max flüsterte:
„Wir waren, was ihr seid;
Doch kommen wird die Zeit,
Und kommen wird sie euch geschwind,
wo ihr sein werdet, was wir sind.“
Plötzlich kreisten fünf pechschwarze Raben über dem Marktplatz. Sie krächzten so laut, dass Max sich die Ohren zuhalten musste, und auf einmal war es, als würden schwarze Regentropfen auf das Kopfsteinpflaster prasseln …

XII
I
II
X
IX
XI
VIII
VII
VI
V
IIII

Hauzenstein

Eines Nachts in Hauzenstein

Es ist mitten in der Nacht, als Max erwacht. Blinzelnd versucht er, sich in der Dunkelheit zu orientieren. Er reckt seinen Kopf in die Höhe, um aus dem kleinen Fenster sehen zu können, das sich seitlich von seinem Bett befindet und normalerweise den Blick zum Waldesrand freigibt. Doch zu dieser Nachtzeit erkennt Max gerade mal die Umrisse der dicht aneinandergereihten Baumwipfel. Wie eine Bordüre zeichnet sich der Wald vor dem im Mondenschein schimmernden Himmel ab. Sichelförmig wacht der helle Planet neben unzählig funkelnden Sternen über das kleine Oberpfälzer Dorf Hauzenstein.

Konzentriert richtet Max seinen Blick nach draußen. Was zum Teufel hatte er vorhin nur gehört? Er war sich sicher, dass ihn ein seltsamer Ruf oder ein Heulen aus den Träumen gerissen hatte. So sehr er sich auch anstrengte – er konnte in der Dunkelheit nichts Ungewöhnliches entdecken. Plötzlich vernahm er erneut das unheimliche Geräusch. Langanhaltend und klar durchbrach es die Stille der Nacht.

Max schnappte sich seine Bettdecke, warf sie sich über die Schultern und rannte zum gegenüberliegenden Fenster seines Zimmers. Das Glas war beschlagen. Mit Hilfe der Decke rubbelte er einen kreisrunden Ausblick frei und sah hinüber auf das prächtige Schloss Hauzenstein. Der anmutige Glockenturm ragte aus einer schleierartigen Nebelschwade hervor, und in seinem kupfernen Zwiebeldach spiegelten sich die Sterne des Nachthimmels. Gespenstisch. Aus keinem der Fenster drang Licht, und auch sonst rührte sich nichts. Akribisch suchte Max mit den Augen die umliegenden Häuser ab. Rings um das Schloss gab es noch ein paar Hütten, die etwas weiter vom Schloss entfernt waren. So wie auch die Hütte, in der er mit seiner Mutter lebte.

Erneut ertönte das mysteriöse Geräusch. Er riss das Fenster auf und streckte seinen Kopf hinaus. Es klang nach einem Blasinstrument. Doch wer war der Bläser, der sich traute, die Nachtruhe der Dorfbewohner zu stören?

Max rannte zurück zum anderen Fenster und starrte erneut auf den Wald. Jetzt erkannte er etwas am Eingang des Waldweges. Es funkelte hell im Mondlicht auf. Eine Laterne? Die Augen eines Rehs? Das Licht bewegte sich leicht und schien gut eineinhalb Meter über den Erdboden schweben.

„Was ist das?", flüsterte Max. Er war sich sicher, dass das Geräusch etwas mit dem Licht zu tun hatte. Aufgeregt tapste er die Treppe in die Stube hinunter und spähte in die Schlafkammer seiner Mutter. Er lauschte. Sie schlief tief und fest. Liebend gerne hätte er sie aufgeweckt und ihr von seiner Beobachtung erzählt, doch sie musste Tag für Tag schwer arbeiten. Die wenigen Taler, die sie bei ihrer schweren Feldarbeit verdiente, reichten ohnehin nur für das Notwendigste. Wehmütig dachte Max an die glücklichen Jahre, in denen sein Vater noch bei ihnen war. Böse Zungen behaupteten noch heute,

Schloss Hauzenstein und Umgebung

»… Plötzlich vernahm er erneut das unheimliche Geräusch. Langanhaltend und klar durchbrach es die Stille der Nacht. …«

dass er davongelaufen wäre, um weit von Hauzenstein entfernt ein neues Leben mit einer anderen Frau zu führen. Eigentlich konnte man es den Dorfbewohnern nicht verdenken, da auch Max' Großvater einige Jahre zuvor auf mysteriöse Weise verschwunden und erst viele Jahre später ebenso unerklärbar wieder aufgetaucht war. Dass dieser bis zu seinem Tod nie ein Sterbenswörtchen über die Zeit, in der er fort war, mit jemanden sprach, diente den Dorfbewohnern natürlich als Nährboden für ihre Fantastereien. Doch Max und seine Mutter trotzten dem Gerede. Sie ahnten als einzige, dass ein schreckliches Unglück geschehen sein musste, um Max' Vater an seiner Rückkehr von einem Jagdausflug zu hindern.

Der Junge fasste den Entschluss, dem seltsamen Geschehen draußen auf den Grund zu gehen. Beherzt zündete er die Petroleumlampe an, zog sich Kleidung über, schlüpfte in seine Stiefel und nahm den Schürhaken vom Kamin. Der würde ihm notfalls als Waffe dienen.

Er öffnete die Türe und ging nach draußen. Flink wie ein Wiesel eilte er von einem Baum

zum anderen. Atemlos blickte er auf das Schloss. Von seinem Standpunkt aus konnte er gerade noch die neuen Torpfosten erkennen. Zwei sitzende Löwen bewachten neuerdings den Gusseisenzaun. Jetzt in der Dunkelheit sahen diese eher wie zwei schwarze Punkte aus. Zögernd ging er weiter. Plötzlich trat er auf etwas Hartes. Er bückte sich und leuchtete auf den Boden. Vor ihm im Gras lag ein Blasinstrument. Genauer gesagt ein Jagdhorn. Prachtvoll wie ein Schmuckstück lag es da, als ob es erst kurz zuvor noch jemand auf Hochglanz gebracht hätte. Vorsichtig hob Max es auf. Auf der unteren Seite des Horns war ein Portrait-Relief angebracht. Er ließ das Licht der Lampe darauf scheinen. Es war das Portrait seines Vaters. Max' Herz fing an zu pochen. Tausend Gedanken schossen ihm durch den Kopf. Er wusste zwar, dass sein Vater am Tag seines Verschwindens zum Jagen wollte, doch dass er je ein Jagdhorn besessen hatte, daran konnte er sich nicht erinnern. Gerade wollte er es noch genauer betrachten, als es im Dickicht des Waldes raschelte. Max erschrak. Er zückte seinen Schürhaken und streckte ihn wie ein Schwert von sich.

„Egal wer Ihr seid – geht keinen Schritt weiter!", rief er in den Wald. Das Rascheln verstummte. Im Schein der Lampe trat eine schöne Frau hervor. In ihrer Hand hielt sie die Zügel eines weißen Schimmels fest. Ihr Gesicht war elfenhaft zart, und ihr langes Haar hing schwarz wie Teer über ihre Schultern.

„Aber Max, wer wird denn gleich so feindselig sein? Ich sehe, du hast das Jagdhorn gefunden. Es muss mir wohl bei meinem Ritt durchs Tal heruntergefallen sein." Lächelnd sah sie ihn an.

„Wo … woher wisst Ihr meinen Namen?", stotterte er.

„Dein Vater hat ihn mir verraten. Du kannst dir gar nicht vorstellen, wie oft er in den letzten Jahren von dir erzählt hat."

„Mein Vater ist tot!", flüsterte Max mit erstickter Stimme.

„Wer sagt denn so was?"

„Das weiß doch jeder. Er ist auf der Jagd gestorben, oder … er ist mit einer Frau …" Max verstummte und schüttelte den Kopf. „Nein, er muss tot sein!"

Die Frau ging in die Hocke, um Max in die Augen sehen zu können. „Und warum hältst du dann sein Jagdhorn in der Hand?"

„Das ist nicht sein Jagdhorn. Mein Vater hätte sich nie so etwas Wertvolles leisten können."

„Das brauchte er auch nicht, denn ich habe es ihm zum Geschenk gemacht!"

„Dann bist du die Frau, von der das ganze Dorf erzählt? Die Frau, mit der er jetzt zusammenlebt?", rief er aus.

„Aber nein, so beruhige dich doch. Es mag wohl sein, dass man mich zusammen mit deinem Vater in den Wald hineingehen sah, aber bestimmt nicht mehr heraus."

Max sah sie fragend an, unfähig, ein weiteres Wort zu sagen. Wer war diese geheimnisvolle Erscheinung?

„Weißt du, einst stand dein Vater genau an derselben Stelle wie du jetzt und hielt dies Horn in der Hand. Dein Vater war allerdings anders als du, er war ein Wagemut. Als er das Jagdhorn fand und das Portrait deines Großvaters darauf entdeckte, zögerte er nicht und blies kräftig durch das Horn."
„Aber auf dem Horn ist doch mein Vater und nicht mein Großvater abgebildet!"
„Jetzt schon, Max. Du musst wissen, wer in ein verzaubertes Jagdhorn einer Waldgräfin hineinbläst, muss sie auf ihrer Jagd begleiten. Und zwar so lange, bis er von einem anderen wieder erlöst wird."
Max kratzte sich am Kopf. „Jetzt versteh ich. Mein Großvater hat dort auch einmal hineingeblasen, deswegen ist er damals plötzlich verschwunden. Und als mein Vater es ihm gleich-

tat, kam Großvater wieder frei." Max erinnerte sich daran, wie dieser eines Nachts wie aus dem Nichts wieder zurückgekommen war. „Das heißt, wenn ich jetzt hineinblasen würde, käme mein Vater ebenfalls wieder frei?" Mit nachdenklichem Blick sah er zurück zu der kleinen Holzhütte, in der seine Mutter schlief.

„Genau so wäre es, Max!" Die Waldgräfin deutete auf Schloss Hauzenstein. „Weißt du, so schlimm ist es gar nicht, bei mir zu bleiben. Tagsüber lebt man im Schloss und genießt all seine Vorteile. Essen im Überfluss, stets ein warmes Bett und ab und an auch mal Musik und Tanz. Doch vor allem lernt man bei mir das Fischeangeln, Bogenschießen und vieles mehr."

„Und welche Nachteile hat es?"

„Ich weiß nicht, ob es unbedingt schlecht ist, Nacht für Nacht mit mir zur Jagd aufzubre-

chen, aber eins siehst du sicher als sogenannten Nachteil an: Wer bei mir lebt, kann nicht zu seiner Familie zurück. Nur der darf zurückkehren, der durch das Blasen des Jagdhorns erlöst wird."

Nervös strich Max über das Horn und grübelte. Wenn er durch das Horn bliese, wäre sein Vater frei, doch dann wäre er derjenige, der nachts mit der Gräfin durch die Wälder streifen müsste. Fern von seiner Familie.

Die Gräfin bemerkte sein Zögern. „Du musst es nicht tun. Deinem Vater geht es gut bei mir. Und falls er eines Tages doch erlöst wird, schicke ich ihn nicht mit leeren Händen nach Hause. Er wird mit einem Lederbeutel voll Goldmünzen für seine geleisteten Dienste belohnt."

„Mit einem Lederbeutel voll Goldmünzen?" Max musste an seine Mutter denken, die jeden Tag schwer arbeiten musste. Er umfasste mit beiden Händen das Horn und führte das Mundstück langsam an seinen Mund. „Sag, Waldgräfin, hältst du auch dein Wort?"

Sie ging vor zu ihrem Pferd, holte aus der Satteltasche das Ledersäckchen und zeigte ihm die Goldmünzen. „Sobald du in das Jagdhorn bläst, sorge ich dafür, dass dein Vater dies Säckchen erhält!"

Max' Herz klopfte. Ohne länger darüber nachzudenken, presste er seine Lippen an das Mundstück und blies mit voller Lungenkraft durch das Horn. Das eindringliche Geräusch drang wie ein unheilankündigender Schrei durch das ganze Tal.

Plötzlich trat aus dem Dickicht sein Vater hervor und kam auf ihn zu. Überschwänglich vor Freude nahm er Max in die Arme und herzte ihn so fest er konnte. Für einen Moment hatte Max das Gefühl, nie zuvor glücklicher gewesen zu sein. Bald gab die Gräfin dem Vater den Münzbeutel in die Hand. Kurz darauf erschrak Max, denn die andere Hand seines Vaters, die seine noch immer fest umschlossen hielt, schien sich auf gespenstische Weise aufzulösen. Er versuchte, seinen Vater am Arm zu greifen, doch auch dieser zerfiel in einen nebelartigen Schleier. Verzweifelt versuchte Max, sich an den Vater zu klammern, doch dessen Gestalt

zerrann mehr und mehr, löste sich schließlich gänzlich in Luft auf.
Max fing an zu schluchzen. „Was ist mit ihm? Wo ist er hin?"
Die Waldgräfin sah ihn eindringlich an. „Dein Wunsch war doch die Freiheit deines Vaters und ein voller Münzbeutel, nicht wahr?"
Unter Tränen sah Max die Gräfin an. „Er wird mich suchen. Du wirst sehen. Spätestens morgen Nacht kommt er zurück, um auch mich zu befreien."
„Das wird er nicht können. Nur alle fünf Jahre kann jemand aus meinem Bann befreit werden. Bis dahin stößt das Horn keinen einzigen Ton mehr aus. Außerdem kann er sich nun, wo er wieder auf der anderen Seite ist, nicht mehr an seine Zeit im Wald und die Erlösung erinnern."
Während die Landgräfin sich lachend auf ihr Pferd schwang, versuchte Max vergeblich durch das Horn zu blasen. Wie sie bereits vorhergesagt hatte, brachte er keinen weiteren Ton mehr hervor. Panisch versuchte er zurück zum Haus zu laufen, doch es war, als sei eine unsichtbare Mauer um den Wald herum errichtet worden. So sehr er sich auch anstrengte, so viel Anlauf er auch nahm, es gab kein Entrinnen. Wieder fing er zu weinen an.
Kopfschüttelnd sah die Gräfin zu ihm hinab. „Du vergeudest deine Kraft. Es eilt doch nichts. Du hast noch ganze fünf Jahre Zeit, dich zu bedauern." Sie riss an den Zügeln ihres Pferdes. „Und bis dahin haben wir noch jede Menge Wild zu erlegen ..." Mit schallendem Gelächter entfernte sie sich und verschwand in die Tiefen des Waldes.
Seither sieht Max jeden Abend vom Fenster des Schlosses aus seine Eltern vor der Hütte sitzen. Er weiß, dass sie auf seine Rückkehr hoffen. Und auch wenn die Gräfin Max erklärt hat, dass sich sein Vater nicht mehr erinnern würde, Max ist sich ganz sicher: Eines Tages wird sein Vater wieder vom Klang des Jagdhorns angezogen werden.

Weiden

Krippenerkenntnis

Es gibt sie noch – die kleinen Wunder des Lebens. Ereignisse, die gleichermaßen zum Staunen und Hoffen bewegen. Magische Momente, die das Gefühl vermitteln, dass die Welt für einen kleinen Moment innehält und sich auf das Wesentliche fokussiert. Und von solch einer besonderen Begebenheit möchte ich heute erzählen.

Alles ereignete sich an einem dieser Tage, an denen einfach nichts zu funktionieren schien. Trotz Navi hatte ich mich verfahren, der Akku meines Handys war leer, und selbstverstandlich lag das Ladekabel zu Hause auf dem Nachttisch und nicht wie erhofft neben mir auf dem Beifahrersitz. Seufzend bog ich in die nächstgelegene Seitenstraße ein und war froh, wenigstens eine Parklücke zu ergattern. Ich zog den Schlüssel aus dem Zündschloss, lehnte mich zurück und schloss die Augen. Meine Hände, die immer noch fest das Lenkrad umklammerten, zitterten, und mein Herz pochte laut in meiner Brust.
‚Jetzt nur nicht die Fassung verlieren!', dachte ich und atmete mehrmals hintereinander tief ein und aus. Seit der Geburt meines ersten Kindes schienen mir Atemübungen in Problemsituationen Erleichterung zu verschaffen. Doch dieses Mal beruhigte sich mein Gemütszustand nur sehr langsam. Zu viel hatte ich in letzter Zeit durchgemacht. Zu viel war in meinem Leben geschehen. Erst die Trennung von meinem Mann, dann die Schulprobleme meines jüngsten Sohnes und zu guter Letzt auch noch eine neue Arbeitsstelle, die mir zwar ein attraktiveres Gehalt, aber auch einen Umzug nach Weiden einbrachte. Ich fühlte mich wie eine Marionette, deren Fäden von einer unbekannten Macht gehalten wurden, um mich direkt in einen Abgrund zuzusteuern.
„Hau mir nur immer weiter eins auf die Mütze, verflucht noch mal!", zischte ich zwischen meine Zähne hindurch und blickte durch meine Windschutzscheibe gen Himmel. Erst jetzt wurde mir bewusst, dass ich unmittelbar neben der St.-Josef-Kirche parkte, und schämte mich für meine Worte.
Der Radiomoderator verkündete mit mahnender Stimme die aktuelle Uhrzeit. Mir blieb nur eine Viertelstunde, um noch pünktlich zur vereinbarten Wohnungsbesichtigung zu erscheinen. Ich stieg aus und drehte mich mit suchendem Blick einmal um meine eigene Achse. Anhand des Kirchturms der St.-Michael-Kirche, die im Kern der Stadt liegt, konnte ich mich orientieren und wusste nun, dass ich nur wenige Schritte von meinem Ziel entfernt war. Schnell schnappte ich mir meine Handtasche und machte mich auf in die Altstadt. Der Weg dorthin war zum Glück gut beschildert und nicht weit vom Parkplatz entfernt. Dank Google-Maps wusste ich, dass die Straße, in der sich die Wohnung befand, seitlich von dem imposanten Mauermann-Brunnen abzweigte.
Ich hatte Glück im Unglück. Nach wenigen Minuten stand ich bereits direkt davor. Vor eini-

St.-Josef-Kirche und Kastenkrippe sowie Brunnen vom Künstler Günter Mauermann, Weiden

gen Tage hatte ich mich im Internet mit der Stadt und ihren Sehenswürdigkeiten vertraut gemacht und wusste, dass dieser Brunnen von einem bekannten Bildhauer und Einwohner der Stadt namens Günter Mauermann geschaffen wurde. Bewundernd blickte ich auf das beeindruckende Kunstwerk aus Bronze und Granit. Wie eine Art Collage zeigte es unterschiedlichste Bilder der Stadt. Unzählige Einblicke in die Stadtgeschichte, aber auch vielfältige Brauchtümer der Oberpfalz. Begeistert von seinem Anblick beschloss ich, ihn mir später, nach der Wohnungsbesichtigung, noch einmal genauer anzusehen. Hätte ich doch zu diesem Zeitpunkt schon geahnt, dass *später* nur *wenige Minuten später* bedeuten würde, wäre ich wohl gleich stehengeblieben. Denn wider Erwarten wimmelte mich der vermeintliche Vermieter bereits vor der Haustüre ab und teilte mir mit, dass er sich nun doch kurzerhand dazu entschlossen hätte, die Wohnung selbst zu nutzen. „Sie müssen schon entschuldigen – ich habe Sie mehrmals versucht anzurufen, doch Sie waren nicht erreichbar.“ Achselzuckend verabschiedete er sich und ging zurück ins Haus.

Fassungslos stand ich noch eine Weile vor der Türe, bevor ich enttäuscht zurück zum Brunnen ging. Mittlerweile plätscherte das Brunnenwasser als hauchdünner Schleier an dem kunstvollen Bilderbogen herab. Gedankenverloren betrachtete ich die einzelnen Figuren, die verschiedene Menschen der Stadt darstellten. Ich sah einen Bader, einen Schneider mit Gamsbockkopf, der eine Schere an einer Kette um den Hals trug, einen Gitarrenspieler, der verträumt seiner eigenen Musik zu lauschen schien, und einen kleinen Affen, der mit einer Hand die Schale einer Waage beschwerte und somit das Gewicht beeinflusste. Ebenso konnte ich in unzählige Gesichter mit unterschiedlichster Mimik blicken. In die von Frauen, Männern, Kindern, aber auch in die von Tieren. Während hoch oben auf dem Bogen ein Mann ein Holzfass schulterte, befanden sich zu seinen Füßen eine Muttersau mit ihren beiden kleinen Ferkeln, zwei Kühe und ein Pferd. Aber

auch religiöse Einflüsse konnte ich entdecken – zum Beispiel eine Bibel. Beschämt blieb mein Blick an ihr haften. Ich hätte vorhin nicht zum Himmel schimpfen dürfen. Gott hatte mit Sicherheit am wenigsten mit meinem Chaos zu tun. Wenn ich auch nicht besonders gläubig war, *ungläubig* war ich auch nicht.
Auf einmal hatte ich das dringende Bedürfnis, eine Kirche zu betreten. Verzweifelt hoffte ich auf eine Eingebung, eine Richtungsweisung, die mir den Mut geben würde weiterzumachen. Nach den schweren vergangenen Monaten sehnte ich mich nach Geborgenheit, nach dem Gefühl, dass alles wieder gut werden würde. Ohne lange zu überlegen, ging ich zielstrebig zum Auto zurück und nahm mir vor, in die Kirche zu gehen, neben der ich vorhin geparkt hatte. Bereits von weitem konnte ich die mächtigen Zwillingstürme der Stadtpfarrkirche St. Josef erkennen. Im hellen Sommerlicht erstrahlte die gelbweiße Fassade wundervoll friedlich, fast schon märchenhaft. Ich erinnerte mich daran, dass meine Tochter vor vielen Jahren diese Kirche mal für ein Disneyschloss gehalten hatte. Und tatsächlich: Durch ihre verspielte Optik, die wunderschönen Arkadenbögen, die spitzen Turmhelme und die farbenprächtigen Mosaikfenster hätte man dies durchaus vermuten können.
Gespannt richtete ich meinen Blick auf die schweren Eingangstüren. Was mich wohl dahinter erwarten würde? Sicher, ich war schon öfter an St. Josef vorbeigegangen, aber bisher hatte ich mir nie die Zeit genommen, auch mal in das Innere der Kirche zu blicken. Ehrfürchtig trat ich hinein und verfiel prompt in eine Art Schockstarre. Als wollte Gott mich persönlich darauf aufmerksam machen, welche Schande es war, unachtsam an seinem Gotteshaus vorbeigegangen zu sein, erstrahlte der dreischiffige Kircheninnenraum in seiner ganzen Schönheit. Vor meinen Augen tat sich eine überwältigende Fülle an Gemälden auf, die allerhand exotische Tiere, fantasievolle Pflanzenarten und biblische Szenen zeigten. Schnell wurde mir klar, dass diese filigranen Darstellungen

dem Jugendstil entstammten. Zusätzlich betonten viele Ornamente den Raum und verliehen ihm einen geheimnisvollen und mystischen Charakter.

Langsam schritt ich durch das große Mittelschiff vor zum Chor, blickte hinauf zu den Gewölbefeldern der Decke und staunte erneut. Orientalisch angehaucht, in warmem blaugrauem Ton gehalten und mit unzähligen Stuckrosetten und goldschimmernden Mosaikteilchen bestückt, war das Deckengewölbe wohl das Schönste, was ich je in einer Kirche gesehen hatte. Ich blickte mich um, ob es noch einen Besucher gab, der diese Schönheit bestaunte – doch ich war allein. Keine Menschenseele befand sich in der Kirche, trotz allem fühlte ich mich beobachtet. Irgendetwas schien mich magisch anzuziehen. Dann sah ich sie plötzlich an der Wand: die Kastenkrippe.

Vorsichtig trat ich näher an sie heran. Nie zuvor hatte ich eine derartige Bildplastik gesehen, geschweige denn in einer Kirche vermutet. Je län-

ger ich sie betrachtete, desto mehr arbeitete mein Kopf. In diesem Kunstobjekt war weitaus mehr zu entdecken als in einer üblichen Krippe. Unschwer erkannte ich auch den dahintersteckenden Künstler. Es handelte sich dabei um keinen Geringeren als Günter Mauermann - den Erschaffer des Brunnens. Respektvoll blickte ich auf das Werk aus Holz, modelliertem Stuck und echten Zweigen. Die Plastik forderte mich. Sie hing in Augenhöhe an der Wand und wirkte fast so, als hätte der Künstler mit dem Innenleben zuvor gewürfelt und es anschließend in den hölzernen Rahmen geworfen. Doch schon bald sollte ich den tieferen Sinn dieses Kunstwerks entdecken.

Zunächst versuchte ich sorgsam, in dem kunstvollen Durcheinander die Krippenfiguren zu finden. Systematisch begann ich die Figuren aufzuzählen: Maria und Josef. Ochs und Esel. Und natürlich das Jesuskind. Letzteres war nicht zu übersehen. Es war überdimensional groß und befand sich im vorderen Bereich der dreidimensionalen Bildplastik. Ebenso das riesige Kreuz und der noch größere Nagel, der weit über den Kasten der Krippe hinausragte. Meine Augen suchten weiter nach neuen Fundstücken. Ein Kinderreigen. Ein paar Vögel. Ein gekrönter Löwe. Der Teil einer beschrifteten Tafel – die zehn Gebote? Gesichter. Fratzen. Putten. Ein Schneckenhaus. Ein Auto. Ein kleiner Tisch. Die Fassade eines Tempels? Warum hatte der Vogel ein X auf seiner Brust? Dazwischen immer wieder Äste und Vögel. Äste und Vögel. Es fiel mir nicht leicht, diese Vielfalt gedanklich zu ordnen. In Reih und Glied zu bringen. Ich fand noch eine Josefsfigur. Gab es auch zwei Marienfiguren? Oder gar zwei Jesuskinder?

Das Durcheinander verwirrte mich, wühlte mich auf. Mit beiden Händen hielt ich mir die Augen zu, in der Hoffnung, meine Gedanken nicht hören zu müssen. Es funktionierte nicht. Tränenwasser stieg mir in die Augen. Schluchzend ging ich vor der Krippe auf die Knie, schloss meine Augen und ließ meinen Gefühlen freien Lauf. Plötzlich wurde mir klar, warum ich bei dem Anblick der Krippe so emotional wurde. Hemmungslos sprudelte es aus mir heraus: „Ich will dieses ganze Chaos in meinem Leben nicht mehr. Ich möchte endlich wieder zur Ruhe kommen. Meinen Weg finden. Fort mit diesen Astgeflecht, das mein Leben einengt – mich festhält."

Als ich mich langsam wieder beruhigte und meine Augen öffnete, blieb mir beim Anblick der Krippe fast das Herz stehen. Ordentlich platziert standen Maria und Josef plötzlich neben dem Jesuskind. Dahinter Ochs und Esel und ein fröhlicher Kinderreigen. Ein einzelner

Vogel saß einsam auf dem geradestehenden Kreuz, das sich nun ausschließlich im Rahmen befand. Keine Äste. Keine Verwirrungen. Ein ordentlicher, aber auch ein trauriger, fast schon karger Anblick. Fassungslos starrte ich auf das Kunstwerk. Konnte man es jetzt überhaupt noch Kunst nennen?

Plötzlich nahm ich Schritte hinter mir wahr. Abrupt drehte ich mich um. Ein alter Mann kam freundlich lächelnd auf mich zu.

„Kann ich Ihnen helfen?" Hilfsbereit streckte er mir seine Hand entgegen.

Erst jetzt realisierte ich, dass ich immer noch auf dem Boden kniete. Ohne lange darüber nachzudenken, griff ich nach seiner Hand. „Vielen Dank, Sie werden sich sicher wundern, dass ich hier auf dem Boden knie, aber ich …"

„Oh, ich versteh schon", unterbrach er mich, „um sich das Krippentreiben anzusehen, muss man sich Zeit nehmen!"

Ich begann zu stammeln: „Es ist plötzlich alles in Ordnung … ich meine … sehen Sie nur …"

Ich deutete auf die Plastik an der Wand, doch zu meiner Verwunderung lag auf einmal wieder alles wild durcheinander. Äste und Vögel wohin ich sah, sogar das kleine Auto war wieder im Bild. Wortlos starrte ich es an.

„Natürlich ist alles in Ordnung. Es war immer alles in Ordnung. Finden Sie nicht auch, dass man den lieben Gott nicht besser darstellen kann?" Er deutete auf die Krippe. „Hier, sehen Sie: Unsere Welt, unser Leben, unsere Kinder, die Natur, das Leiden, die Liebe, die Kunst und über all das ganze Chaos wacht unser Herr und Vater!" Der Mann tätschelte meine Hand. „Was für ein großes Glück wir doch haben, nicht wahr?"

Erneut sah ich hinauf zu den strahlenden Gesichtern des feiernden Kinderreigens, der fröhlich in der Krippe tanzte, und spürte plötzlich tief in mir, dass auch mein Chaos am Ende einen Sinn ergeben würde. Hoffnungsvoll drehte ich mich zu dem Mann um. „Sie haben recht – wir haben wirklich großes Glück!"

Als der nette Herr in der Kirche mir kurze Zeit später sein altes Haus samt Garten zur Miete anbot, wusste ich, dass mir an diesem Tag ein kleines Wunder widerfahren war. Ein Wunder in Form einer Kastenkrippe.

INRI

12